Kathinka Sutro-Schücking

Umsonst

Kathinka Sutro-Schücking

Umsonst

ISBN/EAN: 9783744681896

Hergestellt in Europa, USA, Kanada, Australien, Japan

Cover: Foto ©ninafisch / pixelio.de

Weitere Bücher finden Sie auf **www.hansebooks.com**

Umsonst.

Umsonst.

Novelle

von

Kathinka Sutro-Schücking.

Baltimore, Md.
Roßmäßler und Morf.
Leipzig:
K. F. Köhler.
1879.

Entered according to act of Congress in the year 1879, by
ROSSMAESSLER & MORF,
In the office of the Librarian of Congress at Washington, D. C.
ALL RIGHTS OF TRANSLATION RESERVED.

Erstes Kapitel.

Der Marchese di Paoli an seinen Freund Fiorelli in Rom.

Carrollton Hotel, Baltimore, 15. September.

Land!—wieder Festland unter den Füßen nach vierzehntägigem Schaukeln auf den Wogen! Und während meine ganze Reise=Gesellschaft sich beglückwünscht, daß die Seereise überstanden ist, sehne ich mich fast schon zurück nach der tiefen, heiligen Ruhe des Oceans— nach der erhebenden Musik seiner Wellen, nach dem Frieden, den das Sichversenken in die gewaltigen Gebilde, welche das Meer in der denkenden Menschenseele heraufzaubert, gewährt. O süßes Träumen von jener Zauberwelt auf seinem tiefen Grunde! gewaltiges, beinah beengendes Ahnen der zerstörenden urgewaltigen Naturkräfte, die jene Wassermassen fortstürmen machen ohne Ende,— geheimnißvolles Geflüster dort unten, das erzählt von vergangenen Geschlechtern, untergrabenen Welten und versunkenem Glück!!

Mein Freund,—jener Bekannte, der mir rieth, vor Allem vielen Lesestoff mitzunehmen auf's Meer, da es grenzenlos langweilig dort sei,—ist meiner Ansicht nach eines jener Fragezeichen aus Fleisch und Blut, die als abschreckendes Beispiel des Materialismus umherwandern, um durch sich selbst die Menschheit zu warnen, ihre Seele sorgfältig zu hüten, damit sie nicht untergehe im Schlamm des Trivialen! Was ist das geschriebene Wort — menschlicher Ohnmacht Ausdruck! gegen die Offenbarungen der Natur, wie sie die Seele dehnend und erhebend, das Meer uns bietet?

Ich habe Stunden, Tage und Nächte oft dort gesessen auf dem Verdeck und hinabgestarrt in die zaubervolle Tiefe — bis es in meiner Seele widerklang von dem geheimnißvollen Weben und Treiben da unten, von dem gigantischen Werden und ewigem Gestalten in der uns fremden, verhüllten Werkstätte der Natur,—und Neues, Nie-empfundenes, Gewaltiges lebte auf in meiner Brust, bis jeder Athemzug derselben zum Gebet wurde vor der Erhabenheit des Gottesgeistes!—

Doch genug!—— Das Höchste, Heiligste, das uns im Innern lebt und uns beseeligt, findet ja nie seinen vollen Ausdruck und ist uns darum erst recht zu eigen.

Laß' Dir rathen, Fiorello—mache eine Seereise—und lerne meine Schwärmerei begreifen.

Sonderbar — ich kann mich nicht recht hineinfinden in das Leben und Treiben um mich. Ist es, weil der Contrast zu groß—von Rom, dem Monumente der Vergangenheit, direct hinein in den wilden Tumult urwüchsigen Lebens, wie das Land der Zukunft es uns schon in seinem ersten Anblick zeigt?

Als ich das Schiff verließ, bestieg ich keinen Wagen, sondern ließ mir einfach die Richtung und die Straße nennen, in der ich mein Absteige=Quartier zu nehmen beabsichtigte—und ging dann einsam und allein zu Fuß die bedeutende Strecke vom Landungsplatz nach dem Hotel. Ein volles, frisches Leben, ein eiliges Getriebe in allen Straßen! — aber nichts Anheimelndes, nichts Malerisches, nichts das Auge voll und ganz Befriedigendes, wie es uns jede Wendung in Rom zeigt;— frisch—neu—kahl und nüchtern modern Alles, Häuser, Kirchen, Trachten; überall Zeugniß reichen Wohlstandes—nirgends der reine Kultus des Schönen!

Doch ja!—Frauen sah ich bei meiner langsamen Wanderung,— Frauen mit klassischen Zügen und edlen Formen—Frauen zart und fein, so daß ich ihnen hie und da bewundernd nachzublicken mich gezwungen fand und der Maler in mir sich entzückt solche Modelle wünschte!

Es ist zu spät heute, meinen Freund, den einzigen Bekannten, den ich an diesen Gestaden besitze, aufzusuchen; und ich werde deshalb noch ein Stündchen in's Theater gehen, um zu sehen, wie es in Amerika mit der bramatischen Kunst bestellt ist.

Adieu, mein Lieber!

Den 16. September.
Wie der Zufall oft so wunderlich spielt! Kaum hatte ich mich gestern in meiner Loge im Ford'schen Opernhaus niedergelassen und nach den ersten Blicken auf die Bühne das schönste Weib dort gesehen, welches meine Augen noch in beiden Hemisphären entzückt,— als ich, neugierig das Publikum prüfend, mir direct gegenüber eine Gestalt gewahrte, die mir bekannt erschien. Obschon sie sich im Hintergrund ihrer Loge und somit im Halbdunkel hielt, erkannte ich doch nach dem zweiten, verschärften Blick, daß es wirklich Felix Bartone war, Felix Bartone unter all' den Millionen dieses Landes der einzige Mann, der mir nicht fremd ist. Ueberrascht und höchst erfreut spähte ich sofort aus nach seiner Frau, der reizenden Valerie, die ich natürlich, weil sie in Rom stets unzertrennlich von einander waren, in seiner Gesellschaft vermuthete. Allein Bartone schien ganz allein in der Loge zu sein, und folgte mit einer so intensiven Aufmerksamkeit den Vorgängen auf der Bühne, daß er weder mich noch irgend etwas Anderes im Theater gewahrte.

Das Haus war überfüllt; das Publikum äußerst enthusiastisch. Da mich das Fremde des Ganzen sehr anzog, so hatte ich bis dahin wenig Aufmerksamkeit für das Stück selbst gehabt, und erst als ich den Charakter-Kopf meines Freundes so unverwandt auf die Bühne gerichtet sah, wendete auch ich mich derselben zu, und wurde bald derart vom Spiel gefesselt, daß ich meinen Besuch in Bartone's Loge bis nach dem Niederfallen des Vorhanges verschob, während ich zuvor schon nach meinem Hut gegriffen hatte, um sofort hinüber zu gehen.

Das Stück selbst war eines jener handwerksmäßig dramatisirten Machwerke eines schnell berühmt gewordenen Romanes, die gewöhnlich kein anderes Verdienst haben als das, irgend einem Schauspieler-Talent eine besonders für dasselbe zugestutzte Glanzrolle zu bieten.

In diesem Falle bot es dies zwei Frauen-Charakteren, die von zwei Schwestern repräsentirt wurden—Schwestern, die eben so verschieden in ihrer Erscheinung waren, wie jene.

Die größere, eine wahre Venus in ihrem Typus, spielte mit Feuer und Leidenschaft die Rolle der tragischen Heldin und wenngleich ihre

Schöpfung keine Ristori'sche war, so enthusiasmirte sie ihre Zuhörer doch derart, daß sie wahre Beifallsstürme erntete. Ihre lebensvolle, warme Schönheit war in manchen Positionen geradezu berauschend, und obschon ihre kleinere zartere Schwester nicht nur mit Anmuth und Grazie die milde, hingebende Frauen=Natur einer schmählich Geopferten, sondern auch überhaupt ihre Rolle mit tieferem und feinerem Verständniß wiedergab,—so errang doch Jene den Sieg über sie.

Ich bemerkte wiederholt, daß beide Künstlerinnen verschiedene Male nach Bartone blickten. Dieser gab mir zu denken, denn ich konnte mir die sichtliche Aufregung nicht erklären, worin der früher immer so besonnene Mann sich zu befinden schien—ja, ich, der ich ihn scharf beobachtete, glaubte sogar in den sonst so erzenen Zügen einen beständigen Wechsel der Empfindung zu gewahren. Dieses kalte, klassisch ernste Antlitz, das mir in Rom einst zum Coriolan gesessen, dessen heldenhafte Kühnheit und Kraft es zum Herrscher gebildet zu haben schien,—büßte viel von seinem Charakter ein, indem es unruhig, ja fast ängstlich aussah. Der eiserne Mund mit den schmalen dünnen Lippen,—das energisch vorspringende, wie aus Stein gemeißelte feste Kinn, zuckten hin und wieder. Zwar—hinter jenen dunklen, glänzenden Feueraugen konnte man selbst in der Ruhe wohl einen Vulkan von Leidenschaft schlummern wähnen,—allein so lange ich ihn gekannt, hatte ich sie nur im intensiven Licht einer tiefen Liebe zu seiner jungen, engelhaften Gattin leuchten sehen,— — —nie aber in solchem unsteten Aufflammen und Erlöschen, wie heute.

„Was bewegt ihn so?" fragte ich mich eben, als der Vorhang fiel.

Ein rasender Beifallsturm durchbrausete noch das Haus, als ich auch schon draußen auf dem Corridor war, um zu Bartone zu eilen.

Auf der Schwelle seiner Loge, die er eben verlassen wollte, trat er mir entgegen.

Im ersten Moment schien er mich nicht zu erkennen. Kein Wunder, daß er, als ich dann ihm beide Hände hinreichend: „Bartone!" sagte, mich in der ersten Sekunde wie geistesabwesend anstarrte und darauf erstaunt ausrief:

„Paoli!! Marchese di Paoli!!—sind Sie es wirklich und wahrhaftig,—oder ist es Ihr Geist?"

„Der vorläufig noch die menschliche Hülle nicht abgestreift hat!" erwiederte ich lachend;—„nein! nein! Freund Bartone, mein guter Stern leuchtete mir entschieden, indem er mich am Abend meiner Ankunft in corpore gerade dorthin führte, wo ich S i e treffen sollte!"

Bartone schien noch immer sprachlos vor Erstaunen. Er schüttelte mir innig die Hände, drückte, mich in die Loge ziehend, auf den nächsten Stuhl nieder und sagte, als traue er seinen Augen dennoch nicht recht:

„Von allen Menschen auf dem Erdenrund dachte ich Sie, Paoli, den Künstler von Gottes Gnaden, gerade auf d e m Boden, wo des Volkes Gnade allein noch herrscht, am wenigsten zu sehen!!! Doch seien Sie mir willkommen, tausendmal willkommen!!" setzte er endlich sehr herzlich hinzu.

„Aber wie, bei'm Zeus, kommen Sie denn eigentlich hierher?" fragte er hastig, sich einen Stuhl zu mir heranziehend, auf dem er sich niederließ, und er sah mich mit einem Ausdruck so kindlich naiven Staunens an, daß es sein ernstes, stolzes Gesicht fast lächerlich erscheinen machte.

„Welche Circe vermochte Sie, den Liebling der Musen, von Rom fortzulocken?" fuhr er hastig fort, und ließ mir nicht einmal Zeit, eine seiner Fragen zu beantworten:—„Sie, den Idealisten, nach diesem Lande der „Freiheitsflegel", wie ein deutscher Bär die primitiv-menschliche Produktion dieses Landes respektwidrig nennt;—ich begreife es wahrhaftig nicht!"

Lachend erwiederte ich ihm jetzt:

„Voilà—durch eine Laune Fortuna's hergeschleudert—ergriff ich doch nicht ganz widerstrebend ihre Anweisung, gerade im Lande der Zukunft—mir eine Zukunft als D i p l o m a t zu erobern!"

„Sie scherzen, Paoli!—Sie—Diplomat!" rief er überrascht und ungläubig aus—und setzte dann hinzu: „Wenn Sie mir sagen, daß Sie gekommen sind, um Kunst-Studien in der Wildniß, auf den

Rocky Mountains oder in den Prairien zu machen, so werde ich Ihnen das eher glauben!"

Ich fand dies begreiflich und dachte: „Mein Freund, bei'm Andenken Raphael's! ich thäte das auch lieber!" allein ich antwortete ihm laut nur:

„Diplomat, caro mio!! Denn nach jahrelangem Opponiren begriff ich unlängst endlich, daß mein alter Vater wirklich Recht mit seiner Behauptung habe, daß Rom eines Talleyrand's bedürfe. Und so—" ich konnte mich hier eines leisen Aufseufzens nicht entwehren: „gab ich denn den Bitten desselben nach, da ich sah, daß es dem alten Herrn in der That das Herz brechen möchte, wenn der Letzte seines Stammes nicht aus dem Malerkittel heraus in die Toga des Staatsmannes treten würde. Wohlverstanden, Bartone — nur temporär! Denn Alles, was ich mir abringen ließ, war, daß ich den unserer Familie angebotenen Posten v e r s u c h s weise auf ein Jahr übernehmen und damit dem Stolze der Paoli Rechnung tragen wolle! Meine Devise ist und bleibt aber die dieses Landes: „Freiheit über Alles!"

Bartone schien sich in meine Erklärung noch immer nicht recht finden können, und sich plötzlich zur Bühne wendend, wo längst der Vorhang wieder aufgegangen war, sagte er lächelnd:

„Sie—Paoli—D i p l o m a t!! Entschuldigen Sie, Bester! aber diese Verwandlung ist fast so unglaublich wie jene dort!"

Er deutete nach den Brettern. Hier stand die Heldin des Stückes— das zuvor so liebeglühende, leidenschaftliche Weib —— — in Novizen-Tracht. Als ich sie so sah, konnte ich mich nicht des Ausrufs erwehren:

„Ballkleid oder Nonnen-Habit, Freund—das ist sicher das schönste, üppigste Geschöpf auf Erden!"

Eine düstere Falte legte sich bei meinen enthusiastischen Worten zwischen Bartone's Brauen. Er biß sich leicht auf die Lippen, und auf meine Frage:

„Wie heißt sie? Bei meiner späten Ankunft waren alle Zettel vergriffen," erwiederte er beinah' barsch:

„Rose Dubarron, und Jene dort ist ihre Schwester Blanche—beide sind Debütantinnen!"

„Unmöglich—Sie scherzen, Bartone; - eine solche Sicherheit und Beherrschung ihres Stoffes ist Novizen nicht eigen!" erwiederte ich höchst erstaunt und seine Antwort überraschte mich wieder:

„Mon dieu, Paoli — Sie sind sehr schwer zu überzeugen! Und doch weiß ich wohl am Besten, wie es um Beide steht. Sie müssen wissen, als Consul meines Landes komme ich oft mit allerlei Leuten in Berührung, die mir sonst fremd bleiben würden. Vor zwei Jahren nun wandte sich eine verarmte Wittwe an mich mit der Bitte um Vermittlung für freie Passage nach ihrer Heimat mit ihren beiden halb erwachsenen Töchtern. Da sie vorgab, daheim eine Unterstützung an ihren Verwandten zu finden, fühlte ich mich in Rücksicht auf ganz gewöhnliche Humanität bewogen—ihr meine Hülfe zu leihen. Zuvor jedoch wollte ich die Wahrheit ihrer Aussagen prüfen und suchte sie darum auf. Ich betrat ihre elende Wohnung in eben dem Moment, als ihre zwei Mädchen ungenirt bei offenen Thüren eine Stelle aus Romeo und Julie aufführten und so ward ich der Zeuge ihres knospenden Talentes. Ueberrascht von der richtigen Auffassung, kurz von dem entschiedenen Genie Beider, interessirte ich einige Menschenfreunde für sie, die sie auch wirklich ausbilden ließen—voilà tout!"

Jetzt konnte ich mir endlich Bartone's Erregtheit erklären. Es war also Kunst=Interesse — reines Kunst=Interesse, und ich lobte ihn wegen seiner edlen That.

Achselzuckend nahm er das hin.

„Kommen Sie, Marchese," sagte mein Freund dann, nachdem das Stück zu Ende war, indem er meinen Arm in den seinen schob, „ich will Sie der schönen Rosa vorstellen."

Ich zögerte; es war spät, Bartone verheirathet, und meinetwegen sollten die sanften Augen Valeriens nicht den Schlummer verlieren.

„Ein anderes Mal, Freund" erwiederte ich darum ablehnend; „ich weiß, Ihre kleine Frau würde sich ängstigen, wenn ich Sie jetzt noch in Beschlag nähme!"

Da lächelte er sonderbar.

„Doch, Bartone, in den Erregungen der letzten Stunde vergaß ich gänzlich, mich nach Frau Valerien zu erkundigen," fuhr ich lebhaft fort; „wie kommt es denn, daß sie, die in Rom stets an Ihrer Seite war, Sie heute Abend nicht auch begleitete?"

Er erröthete und sagte nicht ohne Verlegenheit mit angenommener Leichtigkeit:

„Tempi passati, Freund!! Dergleichen ändert sich mit den Jahren! Seit Valerie Mutter ist — nimmt der Gatte nur eine untergeordnete Stellung in ihrem Leben ein — — und ich muß mich trösten, wie ich eben kann!"

O mein Gott! was war das?

Dieser Ton — diese Antwort?

War das derselbe Mann noch, welcher sie gab, der vor kaum fünf Jahren in Rom wegen seiner sprichwörtlichen Ergebenheit, wegen seiner ritterlichen Galanterie gegen die ihm eben angetraute Gattin, allgemein bewundert worden war?

S e i n e feine Bildung und echte Männlichkeit, die süße Anmuth i h r e s W e s e n, das Feingefühl ihrer ästhetisch angelegten Natur hatten sich so harmonisch damals ergänzt! — es war ein Liebespaar, wie die Sonne es selten bescheint! Nun lag Ueberdruß, Verstimmung und Gleichgültigkeit zugleich in seinen Worten.

O Valerie, süße Frauenknospe — holdes Ideal meiner Künstler-Träume — Gnadenbild meiner Seele — — — ist es möglich, daß auch Dich der rauhe Reif des Menschenlooses — die Enttäuschung gestreift hat? — Dich, die Reine, Edle, Engelhafte?!

Unmöglich! ich muß mich irren!! — — wer Dich einmal liebte, kann niemals Deinem süßen Bann entfliehen!!

———

Damals, mein Freund, warst Du auf Deiner großen Weltreise begriffen und aus den Schilderungen der Haupt-Ereignisse in meinem Leben ist Dir nur das bekannt, daß ich im beständigen Kampf mit den Adels-Vorurtheilen meiner ungemessen stolzen Familie mich der Künstler-Laufbahn widmete. Vielleicht schrieb ich Dir auch, wie in eben jener Zeit, wo die mir Nächsten auf Erden, Vater und Mutter selbst, sich grollend von mir abwandten, — ich durch einen glücklichen

Zufall die Bekanntschaft zweier Fremden machte, die mir durch die feine Bildung ihrer Herzen, durch Kunst=Verständniß und gleiche Geschmacks=Richtung bald geistig nahe traten. Verbittert durch die schweren Verwundungen, die mir die steten Reibereien mit den Meinen geschlagen, innerlich zerrissen von der Liebe zu meinem Beruf und der zu meinen Eltern, hatte sich meiner eine gründliche Melancholie bemächtigt — ich war zerfallen mit den gegebenen Verhältnissen — mit der Welt, mit mir selbst.

Da trat die Lichtgestalt Valerie Bartone's in mein Leben und berührte heilend mit dem Zauberstabe ihres fein besaiteten Empfindens, ihrer harmonischen Natur meine krankende Seele. Und was sie begonnen, vollendete Bartone, der lebhafte, ruhelose, strebende Geist — er riß mich mit sich fort, aus mir selbst heraus, — er lehrte mich das Leben philosophischer auffassen, großartiger beurtheilen. Sein trotz der äußeren Ruhe innerlich ungestümes, leidenschaftliches Wesen wurde von der reizendsten Milde und Anmuth, die je ein junges Weib geschmückt, in Schranken gehalten. Beide enthusiastische Kunstfreunde verlebten sie ihre Honigmonate in Rom und die poetische Weihe, welche ihre edle Liebe zu einander über ihr gegenseitiges Verhältniß ausgoß — machte sie mir bewunderungswürdig — sympathisch — anbetungswerth! Ich muß mich zu einer schwärmerischen Verehrung dieses Liebespaares bekennen — — mehr, mein Freund! während ich selbstvergessen mit diesen Glück Verlorenen unter den herrlichen Trümmern einer stolzen Welt-Vergangenheit von den ungelösten Problemen einer poesie=umwebten Lebens Zukunft träumte, — — wurde mir Valerie Bartone die Verkörperung meines Ideals. Keine Trauer — kein unheiliger Wunsch ist damals in meiner Seele aufgestiegen — denn sie war ja glücklich, strahlend glücklich in der Liebe ihres schönen Gatten! Mißverstehe mein Bekenntniß darum nicht, Fiorelli! — Valerie ist mir kein irdisches Weib; — sie ist mir das, was dem Katholiken seine Heilige, der dunkelen Erde der lichte Stern, dem Genie sein Streben ist — — —.

Bon gre—mal gre zog mich gestern Nacht also Bartone mit sich in den "green-room," um mir das holde Schwesterpaar vorzustellen, nachdem er zuvor spöttisch lächelnd all' meine Bedenken in Bezug auf seine Frau mit dem Wort niedergezwungen hatte: „Ah—Marchese— Sie kennen die Ehe noch nicht!! Valerie wird längst im süßen Schlummer von jenen holden Maientagen in Rom träumen, wo wir so thöricht waren zu glauben, ohne einander nicht athmen zu können!"

Bei Gott! Bartone war verändert! Wie hätte er sonst derart reden können! Ganz als sei er zu Hause im Wartesalon hinter den Coulissen, warf er sich auf die Weisung hin, daß die Schauspielerinnen ihn in wenigen Augenblicken vorlassen würden,— in die Sopha=Ecke und bestürmte mich mit Fragen nach dem Eindruck, den die Schwestern auf mich gemacht hätten.

Natürlich äußerte ich ganz frei, daß die prachtvolle Erscheinung der älteren mich zu sehr bestochen habe, um die Andere viel beachten zu können.

„Und doch spielte die Kleine genau eben so gut—sogar in manchen Scenen besser!" äußerte ungeduldig er zurück. Dann gähnte er, strich sich über die Stirn und setzte hinzu:

„Allein—das ist ja einmal so der Lauf der Welt;— ihr Verdienst wird übersehen, weil ihr Auge nicht beständig funkelt wie Brillanten und ihr Mund nicht ewig lächelt wie der einer Pariser Puppe — —"

"A la bonheur!" unterbrach ich ihn achselzuckend, „die Welt liebt nun einmal die Brillanten über Alles, und die Masse ist genau wie ein Kind, dessen Puppe nach seinem Belieben lächeln muß — oder es stößt sie von sich!"

Bartone schien meine Antwort nicht zu gefallen. Ein Ausdruck von Unzufriedenheit lagerte sich auf sein stolzes Gesicht, und ein beinah grausam harter Zug trat um die spöttisch lächelnden Lippen:

„Freund — Sie verlieren sich in Gemeinplätzen;" sagte er kurz,— „ich will nun aber ganz genau wissen, was Sie eigentlich von beiden Frauen denken!"

Offen gestanden—sie waren mir Beide gleichgültig. Außer der prominenten Schönheit der Einen, hatte ich sie, wie schon viele Künstlerinnen vor ihnen, ohne besonderes Interesse spielen sehen. Sie spielten

gut — zugestanden! Allein auf der höchsten Höhe der Kunst waren sie
noch keineswegs angekommen; und um nun Bartone, der sichtlich einen
weit größeren Antheil an ihnen nahm, nicht zu ärgern, erwiederte ich
ausweichend:

„Mein Künstler-Auge zieht die Aeltere vor; solch' elastische Voll=
kommenheit der Form besticht ja unwillkührlich! Uebrigens gehöre ich
im Allgemeinen nicht zu den Götzendienern der Form — die Schön=
heit liegt oft mehr im Ausdruck;—— hier jedoch, wo so viel Reiz
der Sinnlichkeit schmeichelt, wo schwellende Lust auf der Lippe lacht und
sehnende Begier im Auge flammt ——"

Zornig unterbrach er mich:

„Sie weichen mir aus, Marchese,— laissez-ça! Folgen Sie mir
jetzt, sonst möchte uns die Anwartschaft auf Genuß in der nächsten
Stunde entwischen!"

Man hatte uns soeben mitgetheilt, daß wir erwartet würden.

Lieber wäre ich heimgegangen, denn Du weißt ja, Fiorelli, ich ge=
höre zu jenen sensitiven Naturen, die das Vollendete enthusiastisch auf=
nehmen, das „Sichgestaltende" aber ängstlich meiden. Ich fürchte stets
das Zergliedern des Schönen, das Sichentpuppen des Künstlers in den
Menschen — kurz ich liebe die Hülle, die mir jeden grellen Uebergang
zum Realen im Leben verdeckt.

Die dramatische Muse ist mir immer eine Göttin gewesen und sie
nun zum gewöhnlichen Weibe herabsinken zu sehen hinter den Cou=
lissen, das Schminktopf, Puder und Watte benutzt—— —pfui!

Doch schon im nächsten Moment war mein Widerwille verweht wie
Spreu im Winde. Denn dicht vor mir stand das schöne Geschöpf—um
Vieles noch schöner nahe als fern. Die dunklen Augen strahlten im
Triumph ihres Erfolges wie schwarze Diamanten. Jugendfrische,
üppige bewußte Reife, sehnsüchtige Lust lag in diesen lachenden Zügen,
die wie von Meisterhand gemeißelt erschienen. Es war — eine Circe
in ihrer verlockendsten Gestalt,—eine Houri, die nur den Genuß kennt
—nicht die zarte Psyche, die sich über ihn erhebend, zum Himmel reiner
Liebe schwebt. Allein diese physische Schönheit berauschte mich momentan
dennoch und meine Lippe murmelte unwillkührlich:

„Aphrodite!" Denn wie Wellenschaum, weiß, duftig, verrätherisch umfluthete es die rosig durchschimmernden Umrisse der wundervollen Büste! Verwirrt senkte ich den Blick. Bartone hatte mich mittlerweile vorgestellt und meine tiefe Verbeugung erwiederte sie mit einem hellen, silbernen Lachen.

„Mein Herr Italiener, man merkt es sogleich, daß sie aus dem Lande der Poesie und der Götter kommen!" sagte sie dann, während schelmische Bosheit aus ihren Augen brach; „hier meine kleine Schwester wartet schon neidisch auf ein ebenso feines Compliment.

Das junge Mädchen neben ihr erröthete stark.

Ich sah, daß sie nicht blendend schön, aber bescheiden und anmuthig war.

„Eh bien! Marchese — wird es bald?" neckte die Aeltere, ganz ungenirt einen Ton anschlagend, als seien wir schon ganz alte Bekannte.

„Rosa!!" zürnte leise die Schwester, immer mehr verlegen werdend.

„Bah, ma petite! genire Dich nicht! — Du hörst ebenso willig hübsche Lobes-Erhebungen, wie ich! Wir sind Beide eitel, Marchese!" setzte sie ungenirt hinzu; „nur mit dem Unterschiede, ich gestehe es offen ein und sie verbirgt es gern!"

Wahrhaftig! ich fühlte geradezu Widerwillen gegen sie bei diesen Worten und wandte mich schnell von der Jüngeren ab, um ihr eine scharfe Erwiederung zu machen. Aber sie gefror mir doch auf der Lippe. Stand sie nicht da wie eine Offenbarung der Schönheit, wie ein Sinngedicht des Frühlings — geradezu überwältigend in ihrer blendenden Glorie? Wieder verwirrte sie mich, der ich doch sonst bei schönen Frauen nicht den Kopf zu verlieren geneigt war.

Bartone flüsterte ihr mittlerweile im enthusiastischen Tone Lobes-Erhebungen über ihr Debüt zu — allein sie schien ihm nur halb zuzuhören und unterbrach ihn bald, indem sie, leicht mit dem Fuß stampfend, ungeduldig zu mir sprach:

„En avant donc, monsieur! Sehen Sie nicht, daß wir immer noch auf Ihr Compliment für Blanche warten;— und sie —

„„„Mit züchtigen, verschämten Wangen,
Sieht sie den Jüngling vor sich stehn — — —"""
parodirte sie mit komischem Spott.

Aber Niemand lachte. Blanche war nach und nach ganz blaß geworden und die Mutter der Mädchen, die ebenfalls zugegen war, warf der Uebermüthigen einen strafenden Blick für ihre Tactlosigkeit zu. Es trat momentan eine etwas peinliche Pause ein, die Bartone zuerst unterbrach, indem er sehr scharfen Tones mir die Antwort abschnitt:

„Der Marchese di Paoli, mein Fräulein, beugt sich vor der s a n f - t e n , z a r t e n Weiblichkeit wie jeder edle Mann in s t u m m e r Verehrung; ihr Worte zu leihen, ist überflüssig!"

Ich erschrack förmlich, wie die Schauspielerin das aufnahm. Zuerst loderte ihr Auge zornig auf und eine helle Gluthwelle schoß ihr auf Stirn und Wange, dann schien es, als trete alles Blut zum Herzen zurück und sie wurde tödtlich blaß.

Fest lag des Freundes Blick auf ihr, bis sie den ihren, wie mir schien, von einer Thräne verschleiert, senkte.

Ich fühlte entschieden unbehaglich und wandte mich an Blanche mit den hastigen Worten: „Ihre Schwester nannte Sie Blanche, und wenn Sie nicht ungehalten sein wollen, mein Fräulein — so erlauben Sie mir, den Vergleich, der mir mit dem Namen und Ihrer Erscheinung kam, auszusprechen!"

„Ich bitte darum!" erwiederte sie einfach.

„Es ist ein bescheidenes Blümchen nur, und doch kommt ihm keines gleich unter den Kindern Flora's und Ihre Sprache nennt es wunderschön: Lily of the valley!" Ich konnte nicht umhin, dabei einen etwas ironischen Blick auf die schönere Schwester werfend, hinzuzusetzen: „Auch jene nicht, die auf den Höhen im Sonnenlicht glühen!"

„Ich danke Ihnen, Herr Marchese," sagte sie sanft, „und ich gestehe Ihnen gern ein, daß Rosa nicht ganz Unrecht hat, denn ich bin nicht unempfänglich für das Lob. Nur müssen Complimente fein und sinnig sein, sonst sind sie die größte Beleidigung, die man dem richtigen Urtheil der Frau bieten kann!"

„Wie ausgezeichnet Sie englisch sprechen!" fuhr sie, ohne meine Antwort abzuwarten, fort; „es ist das sonst den Italienern gar nicht eigen, eine fremde Sprache also zu bemeistern!"

„Das ist einfach in der Thatsache begründet, daß meine Mutter eine Engländerin war, mein Fräulein, und da ihr noch heute das Italienische nicht so geläufig wie ihre Muttersprache ist, so redete sie dieselbe, besonders in meiner Kinderzeit, stets mit mir!" erklärte ich ihr, und schon nach wenigen Minuten fühlte ich mich von dem sinnigen Wesen des Mädchens derart angezogen, daß ich fast ihre schöne Schwester darüber vergaß.

Ein zorniges, mit nur halb verhaltener Stimme geäußertes:

„Natürlich — Sie können sich nie beherrschen!" das Bartone unfern dicht vor Rosa stehend, ausstieß, lenkte meine Aufmerksamkeit auf sie zurück.

Sie stand gluth-übergossen vor ihm und sah ihn mit eigenem Ausdruck an. Wie im feuchten Glanze lag ihr Auge bittend auf ihm und ihre Antwort, leiser wie seine Aeußerung zwar, war doch noch deutlich genug, um zu mir zu dringen:

„Ihre grausame Rüge hat mich tief verletzt, Bartone!—Sie, gerade Sie, dem ich alle meine Erfolge, die mich so übermüthig machten, danke, sollten heute Nachsicht mit mir haben!"

Ihre Demuth mußte etwas Seltenes sein, denn ich gewahrte, wie er sie zuerst erstaunt ansah und wie sich dann sein unzufriedenes Gesicht wunderbar schnell aufklärte. Und diese stolze, fast wilde Schönheit vor sich in bittender Unterordnung, dicht vor sich zu sehen — welcher Mann hätte ihr nicht für jedes Vergehen sofort Absolution gegeben? Er ergriff ihre Hand, führte sie an seine Lippen und flüsterte: „Ich bin ein Barbar, Rosa — verzeihen Sie mir meine Rohheit!"

Und — — — ich fühlte dabei, als müsse ich ihn aus ihrer gefährlichen Nähe fortreißen, weil er ihre Hand viel länger festhielt, wie kalte Höflichkeit es erforderte. Das Weib ist zu gefährlich bestrickend! Ja, als ich sie sogar unter der Berührung ihrer Hände Beide erzittern und sich verfärben sah und an Valerien dachte, wallte es geradezu zornig in mir auf.

Er gab plötzlich, wie sich ihrer auch erinnernd, die Hand der Schauspielerin frei, strich sich mehrmals, tief aufathmend, über die Augen und wandte sich dann an die im Hintergrund des Zimmers beschäftigte Madame Dubarron,— die Mutter comme il faut hinter den Coulissen. So erschien sie mir wenigstens, denn sie sah und hörte nichts von Dem, was ihre Töchter mit uns redeten, und packte eifrig die Garderobe derselben in die Theaterkörbe.

„Frau Dubarron," bat er dringend, „zur Feier des heutigen Abends harrt unser im Rennert House ein kleines Souper — Sie werden mir doch die Ehre Ihrer Begleitung und die Ihrer Frl. Töchter nicht abschlagen!"

„Ah— Sie Schelm!" lachte Rosa, der Mutter das Wort abschneidend; „davon verriethen Sie nichts bis dahin! Allein ich finde die Aufmerksamkeit reizend, denn ich fühle mich gerade aufgelegt, den Becher der Lust, den meine Lippen diesen Abend kosteten, bis auf die Neige zu leeren! Du auch, Kleine?" wandte sie sich an Blanche.

Dieser ging es wie mir—sie war sichtlich erstaunt und blickte dann mit leichtem, abwehrendem Stirnrunzeln die Mutter an. Allein Madame ist entweder von etwas zweifelhaften Anstands-Begriffen — oder das leichte Blut ihrer Race heißt sie arglos den Absynth des Lebens schlürfen, wo er sich ihr bietet,— denn sie erwiederte ebenfalls sehr erfreut:

„Mein Herr Consul, Sie sind stets ein charmanter Mann, besonders dann, wenn Sie dem Talente meiner Töchter solche Opfer bringen!"

„Eh bien, Paoli — so wird es ein Doppelfest!!" wandte dieser sich zu mir; „Ihre Ankunft konnte gar nicht mehr a propos kommen als heute. En avant denn, meine Herrschaften — lassen Sie uns so schnell wie möglich der Göttin Fortuna unsere Dankopfer bringen!"

Damit reichte er der schönen Rosa den rechten und der alten Französin den linken Arm und schritt voran. Mir blieb nichts Anderes übrig, als mit der bedächtigeren Schwester zu folgen!

Was dann sich ereignete?

Fiorelli — Freund! — frage nicht zu genau danach!

Wenige Minuten später saß ich dicht neben dem üppigen Weibe, denn alle fünf bestiegen wir ja den engen Wagen. Ihr Athem umspielte mein Antlitz wie Frühlingshauch—ihre Lebenslust, so glühend, so übersprudelnd, so keck, weckte ein ganz tolles Empfinden physischen Behagens in mir und meine Pulse schlugen feurig im Kraftgefühl der Jugend. Gierig trank auch ich am Becher der Freude — bis ich weltvergessen, alle moralischen Bedenken überwand!

Nur einmal spät in der Nacht kam es doch wie Schrecken über mich und entriß mich dem Taumel blinder Sinnen-Versunkenheit. Bartone war der liebenswürdigste Wirth — entschieden viel zu liebenswürdig! Er sprudelte über von Geist — Witz — und leider auch von Leichtsinn, und obschon das die Frauen zur äußersten Bewunderung hinriß,— mir erschien es eher wie ein teuflischer Hohn auf den heiteren, edlen Ernst der Vergangenheit;—es war der schrille Klang einer zerrissenen Saite des früher rein harmonischen Instrumentes. Und ich sah klar, daß ein Gott und ein Dämon um diese Appollo-Gestalt kämpften, die da wollüstig zurückgelehnt im Sessel lag, glühend von Lust und vom Wein erregt—die Marmorfarbe des prachtvollen Kopfes wie von Feuer durchädert, die Augen vom Schleier besonnener Ruhe befreit in wilder, verlangender Bewunderung an dem Mädchen vor ihm geheftet! O Gott!! ich mußte die Augen schließen, denn ich sah schaudernd, daß schließlich der Dämon siegte und nichts — nichts, auch gar nichts mehr erinnerte in diesem Moment an die edle Männer-Erscheinung neben dem zarten, blumenhaften Weibe in Rom.

Als ich wieder aufblickte, prüfte ich die Circe, die Das aus Bartone zu machen vermocht.

Sie erzitterte nicht unter seinen Blicken—nein! es war, als entzündeten sie nur jenes gewaltige Feuer, das unter der Asche in ihrer leidenschaftlichen Natur geruht, zu lichten Flammen. Wie eine Bachantin, nur lose noch von den Fesseln des Anstandes zurückgehalten, war sie anzuschauen—hinreißend schön zwar, berauschend—entzündend —leider aber auch viel zu gefährlich für stürmisch angelegte Naturen.

Wie ein Nebelbild aus den Wolken trat da plötzlich Valeriens Gestalt vor mich hin und flehte mich an: „Rette ihn mir!"

Und treu dieser Mahnung eines reineren Geistes wandte ich mich an meine Nachbarin, die ruhigere, besonnenere Blanche, die mit sichtlichem Unbehagen ihre ausgelassene Schwester zu betrachten schien, und sagte:

„Meinen Sie nicht auch, Fräulein Dubarron, daß es Zeit zum Aufbruch sei? Freund Bartone's zarte Gattin ängstigt sich gewiß schon über die verlängerte Abwesenheit desselben!"

Das Mädchen neben mir wurde blaß wie Schnee bei meinen Worten. Warum, begriff ich zuerst nicht. Mit vergrößerter Pupille starrte sie mich momentan an, — sprachlos. Und als ich erschrocken fragte, was ihr sei, — winkte sie mir mit den Augen Stillschweigen zu, um nicht die Aufmerksamkeit auf sich zu lenken. Dann — als eben Rosa im wilden Taumel einer ungefesselten Lust ihr Champagner-Glas Bartone hinhielt und auf seinen Toast: „Der schönsten Tochter Thalia's" mit ihm anstieß, — fragte sie tonlos, mit bebender Lippe flüsternd:

„Ihr Freund ist verheirathet, Marchese?"

Wie Schuppen fiel es mir da von den Augen.

O Bartone, Freund! wohin trieb Dich die Brandung Deiner unbeherrschten Leidenschaft —— wohin —— wohin? — —

Ich bejahte die Frage des Mädchens. — Sie erzitterte vom Scheitel bis zur Sohle. Ihr Auge sprühte in so intensivem, zornigem Feuer, als erglühe ihr ganzes Innere vor gerechter Entrüstung, und sich sofort erhebend und Bartone einen niederschmetternden Blick zuwerfend, den er jedoch nicht beachtete, sagte sie mit fester, befehlender Stimme:

„Mutter, laß uns gehen, aber sogleich!! Es ist spät!"

Die Mutter erhob sich gehorsam, denn der Ton, in dem ihre sonst stets sanfte, ruhige Tochter sprach, schien ihr nicht nur befremdend, sondern auch geradezu imponirend. Mit einem erstaunten Blicke auf Blanche, gewahrte sie auch deren Blässe und fragte besorgt schnell, was ihr sei? „Nichts, gar nichts!" erwiederte Diese heftig: „nur laß uns gehen — ich bin müde!"

Frau Dubarron wandte sich nun an ihre andere Tochter, die nichts zu sehen schien, als Bartone's animirtes Antlitz, nichts zu hören, als seine unbesonnenen Worte.

„Ja, ja!" erwiederte sie auf der Mutter Aufforderung zur Heimkehr ungeduldig: „sogleich!" Und dann tauchte sie schnell noch tändelnd die beiden ersten Finger der rosigen Hand in ihr Glas und spritzte den perlenden Wein übermüthig in Bartone's Gesicht, und während die dunklen Brillanten dunkler glühten und während die rosigen Wangen heller aufflammten, während der Busen unter dem leichten Flor heftiger wogte und die ganze üppige Gestalt sich hob, sagte sie im weichen Tone:

„Kommen Sie, Freund — lassen Sie uns anstoßen auf das, was wir am Meisten lieben!"

Und sie leerte das Glas nachher bis auf die Neige.

Zweites Kapitel.

Aus Valerie Bartone's Tagebuch, den 16. September.

— Das Glück ist wie die Sonne. Strahlt sie am hellsten — dann kommen plötzlich Wolken daher und verdunkeln sie — Wolken, von denen wir nicht wissen, ziehen sie schnell vorüber, oder rauben sie uns das Licht für lange Zeit. Ihr Ursprung ist uns unbekannt — — aber es ist genug zu wissen, zu fühlen, daß sie da sind — daß hinter ihnen Das liegt, was uns Seligkeit bot.

Auch über meinem Leben liegt es wie dunkler Nebel! Ich kann unter ihm kaum athmen — und doch kann ich ihn nicht bannen — ich weiß ja nicht, von wannen er kommt, oder wie er sich gebildet hat!!

Mein Gatte ist verändert; — ich erkenne ihn kaum wieder. Eine fieberhafte Unruhe scheint ihn zu verfolgen, besonders am Abend. Früher immer zu Hause, verbrachten wir die seligsten Stunden meines Lebens mit den ausgezeichnetesten Dichtern aller Nationen, die Bartone mit so wundervoller Sinnigkeit zu interpretiren wußte, während ich mit leichter Handarbeit versehen, ihm wie verzaubert lauschte. Sie scheinen dahin für immer, diese köstlichen Stunden. Bartone sagt zwar, es sei die ewige Unruhe, welche sie verhindern, wie sie nun einmal

immer kleine Kinder mit sich bringen,— und ich wäre dazu auch noch
eine gar zu ängstliche Mutter! Warum fand er das aber nicht in den
zwei oder drei ersten Jahren unserer Ehe aus? Damals, als unsere
beiden Engel wirklich viel Unruhe im Haus machten,— statt es jetzt zu
thun, wo sie viel weniger Last verursachen?

Mein Gott!— mein Gott— w a s ist es nur, daß Felix mir ent=
fremdet?!— ist es meine Schuld?!— oder trat vielleicht gar ein
anderes Wesen trennend zwischen ihn und mich?— — ich zittere,
wenn ich nur daran denke!! —

— Gestern klagte Leo über Halsweh — am Abend schon lag er im
heftigen Fieber. Ich sandte zum Arzt — während Felix ungeduldig
spöttelte: „Das sei kindisch von mir,— Leo werde sich höchstens mit dem
von der Großmama gesandten Zuckerwerk den Magen verdorben haben." Der Doctor schien ebenfalls unbesorgt wegen des Kindes Zustand, und das gab nun Felix Veranlassung nach dessen Fortgang, mir
unmuthig heftige Vorwürfe zu machen, daß ich mich, zur Sklavin der
Kinder machend, nicht ausreichend genug um ihn und seinen Comfort
kümmere. Gott weiß, daß seine Worte ungerecht waren, und ich konnte
sie nicht ertragen. Thränen stürzten aus meinen Augen.

Dies empörte ihn aber nur noch mehr. Er verließ mich und gleich
darauf das Haus nach den zornigen Worten: „Du selbst treibst mich
fort, Valerie!— ich kann dieses weinerliche, sentimentale Wesen nicht
ertragen! Es ist nicht mehr zum Aushalten hier!"

Er ging—wie er allabendlich geht— — wohin? ich weiß es nicht!!
und ich blieb allein mit meinem wunden Herzen am Bettchen meines
kranken Kindes. O Gott!—das Loos der Frau ist ein hartes! Als ich
bangend und betend die langen Stunden der Nacht verbrachte mit dem
wimmernden Knaben auf dem Arm, der mich keine Minute frei gab,
und bebend an die schreckliche Möglichkeit dachte, daß der Liebling
meiner Seele mir genommen werden könnte, da vergaß ich meines
Gatten kalte Worte gänzlich und sehnte mich nur nach seiner Rückkehr
— nach seiner Sympathie, seiner Liebe für u n s e r Kind.

Endlich — — — endlich hörte seinen Schritt auf der Treppe — hörte
ihn, wie lauschend, anhalten vor der Thüre des Kinder=Zimmers.

Erleichtert athmete ich auf und drückte einen Kuß auf die fieberheißen Lippen des Kindes, die leise „Papa" flüsterten; — er kam ja jetzt, um uns Beide mit Liebe zu umfassen.— — —

Allein ich hatte mich getäuscht! Trotz des leisen Wimmern des Knaben, das doch deutlich zu ihm dringen mußte, schritt er doch, ohne einzutreten, vorüber und hinauf nach dem Fremden=Zimmer — wahrscheinlich, um besser der Ruhe pflegen zu können!

Zuerst wollte ich ihn zurückrufen, — ihm sagen: „Felix, Dein Kind ist sehr krank — — o, bleibe bei ihm!" — — allein dann empörte sich plötzlich der ganze Stolz der Mutterliebe und der der vernachlässigten Gattin in mir — — und ich schwieg. Aber diese seine erste Herzlosigkeit that mir unsäglich wehe; sie traf mich wie ein Dolchstoß!

Gegen Morgen wurde Leo ruhiger und schlief ein. Nachdem ich ihn in sein Bettchen gelegt, brach auch ich zusammen. Todesmatt fand ich nicht mehr die Kraft, mich zu entkleiden, sondern sank nieder auf die Chaise longue neben Leo's Bett — und muß dann wohl sofort ebenfalls entschlummert sein.

Ich wurde erst wach, als es schon spät war, und von unten heftige Stimmen zu mir herauf drangen.

Bangend blickte ich zu Leo hinüber, — allein er schlief noch immer, und Gottlob! die erschreckende Fieberröthe war nicht mehr zu erblicken. Erleichtert aufathmend, warf ich dann einen Blick auf die Uhr und gewahrte erstaunt, daß es schon halb elf war. Sofort aufspringend, schritt ich schnell der Thüre zu, um Felix noch bei'm Frühstück anzutreffen, denn ich wußte, wie ungern er mich dabei entbehrte. In meiner Aufregung dachte ich nicht daran, erst Toilette zu machen oder auch nur einen Blick in den Spiegel zu werfen. Unten angekommen, auf der Schwelle des Zimmers stehend, gewahrte ich noch, wie die irische Köchin zornroth dasselbe durch die andere Thüre verließ, und hörte Felix heftig ausrufen:

„Eine schöne Wirthschaft das, bei'm Teufel! Aber es liegt an der Leitung — an der Leitung allein, wahrhaftig Valerie muß — — —"

Hier sah er mich und unterbrach sich mit einem spöttischen Auflachen.

„Guten Morgen, Felix!" sagte ich erschrocken über seine übele Laune, zagenden Tones: „Du mußt mich entschuldigen, daß ich Dich warten ließ — allein ich wachte fast die ganze Nacht bei Leo, der im heftigen Fieber lag!"

Ueber die geliebten Züge flog da doch schnell der Ausdruck sorgender Angst, die Felix in meinen Augen sofort wieder zum Götterbild machte, vor dem ich kniend hätte anbeten können.

Aber—o thörichtes Weiberherz, das stets zu heilen bereit ist, wenn es weh' gethan hat!—als ich schnell hinzufügte:

„Er ist jetzt Gottlob! besser;—er schläft noch ruhig und sanft!" Da verfinsterte sich sein Antlitz schnell wieder, und jene tiefe Falte zwischen den Brauen, die ich längst zu fürchten gelernt,—trat deutlich und drohend zu Tage.

„Nun wohl—so hättest Du ihn auch schon eine halbe Stunde früher der Wärterin übergeben können! Das Frühstück ist miserable, wieder halb kalt und schlecht servirt, wie Du siehst! Es ist empörend, wie man von Tag zu Tag mehr vernachlässigt wird!"

Dann nahm er die Zeitung zur Hand, ohne weiter auf mich zu achten, und vertiefte sich anscheinend mit großem Interesse darin.

Ich beherrschte mich und sagte kein Wort. Da der Kaffee wirklich schlecht war, schellte ich für heißes Wasser, nahm die kleine Kaffee-Maschine vom Büffet und entzündete den Spiritus darunter.

„Du sollst in zwei Minuten besser versorgt sein, mein Freund," sagte ich versöhnend——allein er würdigte mich keiner Antwort. Als der aromatische Trank schnell gebraut war, goß ich ihn ein und dachte dabei bitter an jenes echt französische Bonmot: „Die Gattin findet den Weg zum Herzen ihres Mannes am schnellsten durch den Magen!" Im nächsten Moment schämte ich mich jedoch dieser unästhetischen Erinnerung und nahm mir ernstlich vor, nächstens sorgfältiger über Felix' Comfort zu wachen.

Da ——Alles war vergessen!!——denn ich hörte plötzlich den flehenden Ruf meines kranken Kindes. Felix die Tasse hinsetzend, sagte ich hastig: „Bitte, versorge Dich selbst mit Rahm!" und wollte mit fieberhafter Hast hinauf zu Leo.

„Valerie!!!"

Das klang so zornig, so drohend, daß ich unwillkührlich bestürzt auf meinen Sitz zurücksank.

„Ist denn Alles toll in diesem Hause?" grollte Felix mit unsäglicher Bitterkeit und sein Auge blitzte zornsprühend auf: „Zuerst die Impertinenz der Dienerin und dann diese empörende Vernachlässigung von Deiner Seite!"—Und darauf schnell wieder in seine gewohnte Ruhe zurücksinkend, setzte er mit schneidendem Hohne hinzu:

„Wenn es Deine lobenswerthe Absicht ist, mir das Haus auf's Aeußerste zu verleiden, à la bonheur! so wirst Du Dein Ziel sehr bald erreicht haben!"

„Mama — Mama!!" schallte es dazwischen lauter, flehender hinunter.

Instinktiv erhob ich mich auch dieses Mal und demüthig bittend blickte ich auf Felix, ohne ihm ein Wort auf seine Bitterkeiten zu erwiedern. Hätte ich ihn früher nur halb so bittend oder ängstlich angesehen — er würde mir sofort jedes Verlangen gewährt haben; — jetzt aber ist das anders geworden!

Seine Augen blickten kalt und drohend auf mich und ein unheimliches Funkeln derselben sagte mir deutlich, daß sein südländisches Blut in Wallung gerathen sei. Es band mich fester wie eiserne Fesseln wieder auf meinen Sitz. Und doch litt ich entsetzlich, und Gott allein weiß, was es mich gekostet hat, mein empörtes Mutterherz bei dieser Härte zum Schweigen zu bringen. Thränen traten in meine brennenden Augen und mit zitternder Stimme bat ich innigst endlich:

„O Felix! laß mich gehen—es ist Niemand bei dem Kinde!"

Ob es nun der weiche Ton war, der ihn reizte, oder — und ich glaube das zu seiner Ehre! — ob ihn die eigene Ungerechtigkeit ärgerte und er statt das einzugestehen, nur um so erbitterter auf, die unschuldige Ursache wurde—genug, er erwiederte nicht mit der ersehnten Erlaubniß, sondern spottete statt dessen nur noch unbarmherziger weiter: „Ich bitte, mich zuerst aufzuklären, warum denn eigentlich die Arrangements dieses Hauses so musterhaft sind, daß es der Dienerschaft nicht mehr convenirt, der Herrschaft den ruhigen Genuß ihrer Mahlzeiten zu gestatten?"

Als er mein Flehen zuvor nicht beachtete, hatte ich vor mich niedergeblickt, um ihm die Thräne zu verbergen, die verrätherisch im Auge aufgestiegen war, jetzt hob ich doch langsam wieder die schwere, müde Wimper und sah ihm fest und strafend in's Auge. Sein Hohn verletzte mich zu tief, und das immer lautere Weinen der Kinder machte mich geradezu verzweifelt. Eben wollte ich ihm eine harte Antwort geben, als er sein Auge, das meinen Blick doch nicht aushalten konnte, abschweifen ließ, sarkastisch auflachte und ausrief:

„Bei allen Göttern des Olymps — es ist ein recht anziehendes, ideales Heim, in das sich der Marchese di Paoli heute selbst einzuführen gedenkt — ich hätte das nicht gewagt!"

Ein Freudenstrahl brach plötzlich unerwartet durch mein verdunkeltes Gemüth bei diesem Namen!! Die größte Ueberraschung — das vollständigste Staunen überwältigte mich momentan derart, daß ich Alles darüber vergaß und athemlos fragte:

„Francesco di Paoli — unser Freund aus Rom? Ist es möglich?"

„Derselbe! Ich traf ihn gestern zufällig; er ist Attaché bei der italienischen Legation in Washington!!" erwiederte Bartone, mich erstaunt betrachtend. Die freudige Nachricht mußte wohl mein Aeußeres vortheilhaft verändert haben, denn ich gewahrte in dem Auge, welches mir Alles verrieth, ja, das sogar einst der Spiegel seiner Gedanken für mich gewesen, daß er mich bewunderte! Welches Weib wüßte das nicht!

Und meine Seele, die eben noch nach etwas Licht und Wärme geschmachtet hatte, fühlte sich schnell erfrischt und gehoben, wie die welke Blume vom belebenden Thau. Vielleicht war es doch meine Schuld, daß sich unser eheliches Leben anders gestaltet hatte, wie ich es wünschte. Vielleicht hatte er recht, wenn er über Vernachlässigung seiner klagte; — sicher ist, daß ich in demselben Moment einsah, wie ich in der That meine eigene Erscheinung unverzeihlich vernachlässigt hatte. Reuig schweifte mein Blick über die zerknitterte Morgenrobe hin und erröthend dachte ich daran, wie wirr und wüst meine Frisur wohl aussehen möge! Wie konnte ein Mann von Felix' ästhetischem Sinne blind gegen solche unschöne Unordnung bleiben? Ich entschloß mich, nie wieder so unverantwortlich gleichgültig gegen mich selbst zu sein — ich entschloß mich, vorsichtig auch über das Kleinste zu wachen — kurz, in diesem kurzen Moment stürmten hundert gute Vorsätze durch meine Seele.— — Und das Alles um e i n e s freundlichen Blickes willen aus den Augen des Mannes, den ich liebte!

Da — verscheucht wurden alle vernünftigen Gedanken!! — wie Fluth der Ebbe stürmisch folgt, so forderte im nächsten Augenblick das Gefühl allein sein Recht, wie eben noch die Ueberlegung.

„Mama! Mama! Liebe Mama, so komm' doch endlich!" klang es von der Schwelle des Kinder-Zimmers hernieder, flehend, klagend, ohne die Energie von vorhin, aber viel eindringlicher noch.

Das konnte ich nicht geduldig ertragen. Ohne Felix nur anzusehen, flog ich zur Thüre hin, öffnete sie und rief tröstend hinauf: „Sogleich, mein Kind!" — und dann wandte ich mich um zu ihm, der vollständig unbewegt, mit äußerster Ruhe seine Eier aus der Schaale löste, als wären es gar nicht s e i n e Kinder, die da jammerten!

„Felix — ich werde Dich doch allein lassen müssen," sagte ich fest: „denn die P f l i c h t ruft mich fort!"

Sein Auge hob sich langsam und es blitzte kalter Spott daraus, als er erwiederte:

„Thue es immerhin, mein Kind — denn das Zetergeschrei ist wirklich über alle Begriffe unausstehlich!" Und sich schnell die Ohren mit beiden Händen zuhaltend, setzte er hinzu, als ich eben die Schwelle überschreiten wollte:

„Nur bitte ich, vergiß nicht, der verfl...... Wärterin einen scharfen Verweis zu geben in meinem Namen!"

Da kochte er plötzlich gewaltig in mir auf der lang verhaltene Aerger über seine entsetzliche Kälte und Rücksichtslosigkeit und ich schritt zurück in's Zimmer, statt hinauf zu gehen, und trat dicht vor ihn hin. Ich fühlte, wie meine Augen zornig sprühten, wie mein ganzes Antlitz in Entrüstung aufglühte, und — die Hand zur Stütze auf den Tisch legend, denn ich bebte am ganzen Körper, — sagte ich, ihm strafend in's Auge sehend:

„Du kannst unvermittelt Deine volle Ansicht aussprechen — denn ich selbst bin die einzige Wärterin Deiner Kinder!"

Er maß mich zuerst ganz erstaunt, ohne ein Wort zu erwiedern — mein Aufbäumen unter seinen scharfen Vorwürfen mußte ihm vollständig unerwartet kommen. Allein er konnte meinen Blick doch nicht aushalten. Er strich sich wie gelangweilt mit der flachen Hand über die Stirn und äußerte mit unverwüstlicher Ruhe darauf: "Ah, wirklich? Wie kommt denn das? — Ist etwa wieder einmal Revolution ausgebrochen in den niederen Räumen?"

"Nein!" lautete meine feste, strenge Antwort: "der Grund liegt anderswo, mein Freund! Ich besitze keine ausreichenden Mittel mehr, um Dienstboten — — — b e z a h l e n zu können!"

D e r Pfeil traf. Eine dunkle Röthe schoß plötzlich über den Oliven= Teint seines Gesichtes — sein Auge flammte zornig und er brauste auf:

"Keine Mittel, sagst Du, Valerie?! Das ist doch in der That sehr sonderbar! Mir scheint diese Haushaltung ein modernes Faß der Danaiden zu sein. Die Unkosten steigern sich genau in dem Maaße, wie der Comfort abnimmt! Und doch weißt Du sehr wohl, daß meine pecuniäre Lage die äußerste Sparsamkeit verlangt — —"

Sein Zorn benahm mir sofort allen Muth — zudem hasse ich nichts mehr auf Erden wie die leidige Geldfrage, und schüchtern wandte ich darum, schon wieder ihn zu besänftigen bestrebt, ein:

"Die Kinder waren krank, Felix — — — —"

Er unterbrach mich brüsk:

"Natürlich die Kinder und immer die Kinder! Sie sind bequem wie eine spanische Wand, hinter der man alles Lichtscheue verbergen kann — —"

Aus meiner gemarterten Seele aber, die er also niedertreten zu trachten strebte, ohne Rücksicht, ohne Erbarmen, stieg der Angstruf auf: "Felix, halte ein!"

Da kam ihm doch die Besinnung zurück. Noch war die Scheide= wand, die er zwischen sich und mich zu errichten begonnen, nicht zu Cement verhärtet, — — noch lebte in ihm ein Etwas, das ihn an die glückliche Vergangenheit mahnte. Aus seinen Zügen wich aller Spott — er blickte mich sogar reuig an und sagte ernst:

"Verzeihe mir, meine sanfte Taube — ich war wirklich ungerecht!"

Und wie um sich zu entschuldigen, setzte er hastig hinzu: „Aber bei'm Zeus! Valerie, das Zetergeschrei der Kinder ist auch hinreichend, um Einen des Verstandes zu berauben! Ich bitte Dich jetzt, gehe zu ihnen und beruhige sie. Ich folge Dir später!"

Seiner Güte gegenüber, vergaß ich Alles, was ich um ihm vorzuwerfen zurückgekehrt war, und dankbar für seinen liebevollen Blick ging ich erleichtert und freudiger hinaus, als ich es vor einer Minute noch für möglich gehalten hatte.— —

———

Abends.

Die Liebe ist der Schlüssel zum Glück! Felix' freundliche Worte bewirkten, daß ich, elastischer wie seit lange, die Treppe zum Kinder-Zimmer hinauf flog — meine herzigen Kinder im Nu beschwichtigte und, Leo auf dem Schooße, Anita dicht an meine Seite geschmiegt, mich für kurze Minuten dem Wahne hingab, daß ich nur selbst nicht verstanden habe, den Schlüssel richtig zu handhaben und daß es in meiner Hand liege, das in Zukunft zu ändern.

Gleich nachher trat Felix ein. Er begrüßte die Kinder mit seinem sonnigsten Lächeln und sie streckten ihm dankbar sofort die Händchen verlangend entgegen. Es war, als bereue er so gründlich seine frühere Verstimmung, daß er durch die vollständigste, ihn geradezu bezaubernd machende Liebenswürdigkeit jede Erinnerung daran auswetzen wolle.

Und wer auf Erden kann so bestrickend, so fesselnd für Groß und Klein sein, wie er?!!—

Jedoch— —wie der Falke aus hohen Wolken plötzlich niederschießt auf sein armes Opfer— —so kam der Unmuth über ihn urplötzlich zurück und raubte ihm die gute Laune wieder!

Das Dienstmädchen war eingetreten, mit einer Visiten-Karte in der Hand.

„Es ist Paoli," rief ich aus, nach einem Blick darauf, halb froh, halb verlegen.

„Nun wohl," erwiederte er, sichtlich erstaunt über die eigene Art, mit der ich die Anmeldung unseres theuersten Freundes aufnahm; „ich sagte Dir ja zuvor schon, daß Du ihn heute erwarten dürfest!— — —"

„Und doch—es thut mir zwar unendlich leid! mußt Du hingehen und mich bei ihm entschuldigen, daß ich ihn heute n i ch t empfangen kann!" lautete meine bedauernde, aber feste Antwort.

„Unsinn!" brauste er zornig auf, und die entsetzliche Falte zwischen den Brauen, die jetzt so oft zu Tage tritt und die ich früher nie zu Gesicht bekam, schüchterte mich sofort wieder ein; „warum nur, wenn ich fragen darf, diese neuste Marotte?" setzte er ungeduldig hinzu.

„Ich kann die beiden Kinder nicht allein lassen, — vor Allem nicht Leo!"

„Mein Gott, Valerie, Du bist wirklich unaussprechlich albern," äußerte er hart zurück und aus seinen stolzen, heftigen Zügen sprach es deutlich, daß er keine weitere Geduld mit mir haben werde: „lasse doch so lange die impertinente Tochter Erin's aus der Küche heraufkommen, —oder fürchtest Du Dich etwa vor ihr?"

Sein Spott berührte mich dieses Mal nicht;— ich entgegnete nur festen Tones: „Das geht nicht; es ist absolut unmöglich, denn sie hat heute die ganze Wäsche allein zu besorgen!"

„Hol' der Teufel die Wäsche und die Wäscherin!" polterte er ärger= lich los und stampfte ungeduldig mit dem rechten Fuß den Boden. Und dann ließ er eine Lawine heftiger Vorwürfe über mich herabstürzen, die mir unendlich weh' thaten, denn ich war mir bewußt, daß ich sie nicht verdient hatte,— bis er endlich mit den Worten endete:

„Empfangen mußt Du ihn—das steht fest! Und da Dein Eigen= sinn es Dir nicht erlaubt, mir zu folgen und die Magd zu rufen — so will ich selbst denn in Gottes Namen! so lange Wärterin spielen, bis Du zurückkommst!"

Das hatte ich am wenigsten erwartet, und da mein Herz mich ohnehin antrieb, dem treuen Freunde meiner glücklichsten Lebenszeit zu sagen, wie froh mich seine unerwartete Ankunft in unserem Lande mache,—so muß ich wohl sehr erfreut ausgesehen haben. Denn Felix setzte viel milder hinzu:

„Nun geh' auch schnell, mein Kind! — Nur um aller Grazien willen! vergiß nicht zuerst jene fragliche Robe da," rief er mir nach, als ich mich abwandte, um zu gehen, und wies mit Verachtung auf meinen zerknitterten Morgenrock hin, „gegen ein anständiges Kleid zu vertauschen, sonst möchte Paoli Dich nicht erkennen — und Dich wohl gar für Das nehmen, wozu Du Dich machst—für eine Dienstmagd!!"

O! wozu mußte er mir durch den bitteren Nachsatz wieder alle Freude benehmen?—

Paoli an Fiorelli.

Den 16. Sept., Abends.

Ach, mein Freund! — wie oft ergießt das Leben seine rauhesten Stürme gerade über die zartesten Wesen,—wie oft tritt dort dunkel und unheimlich ein Schatten über jene Pflanzen, die nur für das Sonnenlicht geschaffen sind—und macht sie krank und siech und welk?!

So dachte ich, als ich heute Morgen, nachdem ich Dir die Erlebnisse des gestrigen Tages flüchtig skizzirt und dann mit freudig klopfendem Herzen Bartone's Haus aufgesucht hatte, vor Valerien stand.

Von der ganz unerwarteten Veränderung ihrer Erscheinung schmerzlich ergriffen, faßte ich stumm die beiden Hände der holden Frau, die sie mir mit dem herzlichsten Willkommen darbot und küßte sie ehrfurchtsvoll. Kein Wort wollte mir über die Lippen.

Aber mit dem feinen Instinkte ihrer Natur begriff sie sofort mein Schweigen. Indem ein unendlich wehmüthiges Lächeln um den zarten Mund trat, sagte sie mit leisem Zittern der Stimme:

„Seien Sie uns nochmals willkommen, theurer Freund, in dem Lande, das schneller wie der sonnige Süden das Aeußere der Menschen ändert — wenn auch ihre Gefühle dieselben bleiben!"

Und freundlich geleitete sie mich zum Sopha hin, und zog dann ihren Sessel nahe heran.

Mittlerweile hatte ich mich gefaßt und erwiederte:

„Daß man auch im Süden der Treue huldigt, theure Frau, sagt Ihnen mein Erscheinen hier! Ohne Ihre und Felix' Anwesenheit in diesem Lande, würde man wohl niemals meinen Eigensinn gebrochen haben, die Laufbahn des Künstlers mit der des Diplomaten zu vertauschen. Allein da es Amerika war, wo ich mir die ersten Rittersporen in der Diplomatie verdienen sollte,— — meine holde Freundin! da war ich leicht besiegt!"

Sie lächelte jetzt sorgloser, wie zuvor.

„Jedenfalls ist mir dann der Diplomat viel lieber wie der Maler!" sprach sie herzlichen Tones.

„Ich danke Ihnen!" erwiederte ich geschmeichelt und setzte hinzu: „Ich habe immer im Leben gesehen, daß Zeit und Trennung keine vernichtenden Elemente gegenüber w a h r e r Freundschaft sind! Diese gestattet es eben niemals, daß die einmal so fest geschlungenen Bande sich je wieder gänzlich lockern oder lösen, und wenn auch viele Monden und Jahre vergehen, die wahre Sympathie findet doch endlich ihre Mittel und Wege, um die alten Freunde von Neuem zu vereinen!"

„Jedenfalls brachte uns Ihre Ankunft, theurer Marchese, das freudigste Ereigniß der letzten Jahre!"

Sie sagte es so warm und innig, daß es mir fast die Thränen in die Augen trieb. Jedoch auch wie leise Wehmuth klang es durch ihre Worte und unbedacht forschte ich:

„Waren diese Jahre denn gar so arm an Freuden?"

Langsam hob sie die langen Wimper und ein müder Blick des blauen, seelenvollen Auges richtete sich auf mich.

Ich fühlte, wie sich in den meinen das aufrichtige Verlangen spiegelte, daß sie meine Frage verneinen möge. — Allein, — ist es eine Offenbarung der Natur, die stets das, was auf dem Herzensgrunde reiner Frauen vorgeht, hell zu Tage treten läßt? — oder ist es die Sympathie, die mich immer zu dieser Frauenseele besonders hingezogen, welche mir klarer wie Anderen ihre Gefühle bloslegt? — genug, ich sah, was ich nie zu sehen geahnt oder gefürchtet hatte. Statt des Bildes eines heiteren, sonnigen Daseins, entrollte sich meinen erschrockenen Augen ein dunkles Nachtstück, voll Schmerz, voll trüber Erfahrungen.

Ob wohl meine Züge das unwillkührlich aussprachen? Valerie schlug sichtlich verlegen werdend, die Augen nieder und sagte leise:

„Wer war es doch, mein Freund, der sagte: „L e b e n   h e i ß t   l e i d e n, — l i e b e n,   e n t s a g e n"? Und darauf sich zusammen nehmend, setzte sie freudiger hinzu: „Sie wissen doch, Paoli, daß ich heute zwei reizende

Kinder mein nenne, während in Rom damals das Leben wohl nur
deshalb sorgenloser verging, weil Mutterliebe und Mutterangst ihm
noch fremd war!"

Ein tieferer Schatten legte sich über das sinnige Gesicht, als im selben Moment oben im Hause heftig eine Thüre zugeschlagen wurde und gleich darauf eine weinende Kinderstimme „Mama, Mama!" ausrief.

Sie lauschte einige Sekunden unwillkührlich und mittlerweile betrachtete ich sie genauer.

Mein Gott! Mein Gott! wie war dieses Frauenbild in fünf Jahren gealtert! Wohin war die zarte Fülle der Sorglosigkeit?—die heitere Ruhe dieser feinen, intelligenten Züge? wohin die frische, blendende Jugendpracht der Farbe, die zart wie Pfirsich-Blüthe über dem reizendsten Antlitz gelegen?—wohin jener bezaubernde Schmelz des ahnungslosen Frühlings, dem Sturm und Kampf noch fremd, dem die versengende Gluth der Lebens-Erfahrung noch fern gelegen, als kinderfrisch, mädchenhaft und vertrauend damals ihr junges Herz die Hochmesse seines Glückes durchbetet hatte?!

Wohl war es ein schönes Weib noch immer, das da sorgen umdüstert dem Flehen ihrer Kinder lauschte. Allein es war schmerz durchgeistigt,—eine duldende Psyche, die mit dunklem Blick in weite Fernen zu schauen strebte. Ueber dem Sonnengold ihrer Flechten lag es wie früher Winterreif—ja!—fast hätte ich aufgeschrien im beißen Schmerz vor Groll gegen das Leben, welches sie so hart geprüft hatte!— es war selbst, als tauchten einzelne Silberfäden an den Schläfen auf—schmerzverloren und vereinsamt zwar, wie das Leid der Jugend gegenüber immer ist—aber doch verrätherisch Zeugniß ablegend von umnachteten Stunden. Und diese Frau war noch nicht dreißig Jahre alt! Es summte mir in den Ohren, es schwamm mir vor den Blicken im nächsten Moment, denn eine Sturmfluth empörter Gefühle schoß über mich hin und durch die tolle Brandung drang nur das eine klare Empfinden: „Er allein hat ihr das gethan!"

Mein Auge lag unverweilt auf ihr, die lauschend, mit sinnendem Blick und umwölkter Stirne regungslos dasaß und die ich gern so auf die Leinwand gefesselt hätte, als Muse der Geschichte, wie sie im Flügel-

schlag der dahinrauschenden Zeit jene Mahnrufe des Geschickes an die
Einzelnen vernimmt, welche das Wohl und Wehe der Massen beherrschen.

Endlich wandte sie sich mit erleichtertem Aufathmen wieder zu mir.
Es war oben ruhig geworden, nachdem man eine Thüre heftig zuschlagen und dann einen schweren Tritt die Stiege hinabkommen gehört
hatte. Natürlich glaubte ich jetzt Bartone eintreten zu sehen—jedoch er
kam nicht. Statt dessen fiel auch die Hausthüre heftig in's Schloß und
Valerie erröthete peinlich. Sie mochte meine Gedanken und meine
Schlüsse ahnen. Allein sie sagte nichts darüber. Statt dessen gab sie
sich jetzt freier und unbehinderter der Unterhaltung hin und bald brach-
ten helle, freundliche Reminiscenzen ein freudigeres Licht in die traurigen Frauen-Augen — ja nach und nach trat selbst ein Schimmer der
früheren Farbe auf die blassen Wangen. Natürlich that ich Alles, was
in meinen Kräften stand, um sie zu fesseln und sie sich selbst vergessen
zu machen.

Nach einiger Zeit fragte sie mich plötzlich, als wolle sie mich überraschen:

„Wo sahen Sie Felix gestern Abend zuerst, Marchese?"

Ihre seetiefen Augen bohrten sich dabei fest in die meinigen und ehe
ich nur wußte, was ich sprach, hatte sie auch schon die Wahrheit herauf-
befohlen:

„Im Theater!"

Sie senkte rasch das Auge; — wollte sie meinen prüfenden Blick
vermeiden? Es schien mir, als unterdrücke sie nur mühsam ein leises
Aufseufzen, ehe sie fragend fortfuhr:

„Wer spielte dort? Welches Stück wurde gegeben?"

Ich that, als überhöre ich ihre Frage und erzählte mit erlogener
Unbefangenheit: „Es war in der That ein reizendes Rencontre — so
unerwartet und so befriedigend! Denn Sie müssen wissen, meine
Gnädige, daß ich zuvor wohl zwanzig Mal meine Uhr zu Rathe gezo-
gen hatte, ob es statthaft sei, Sie, meine einzigen, meine theuren
Freunde am späten Abend noch aufzusuchen. Und nur die Unzufrieden-
heit, Sie nicht mehr sehen zu können, trieb mich in jenes langweilige
Theater. Denken Sie sich meine freudige Ueberraschung, als ich dann

Bartone entdeckte,—aber auch meine bittere Enttäuschung, Sie, theure Frau, nicht an seiner Seite zu finden! Auch Bartone schien das verstimmt zu machen!"

Hier unterbrach mich der durchdringende Blick der Frau, den sie so fest, so flehend auf mich richtete, als wolle sie sagen: „Willst auch Du mich betrügen?!"

Ich verstummte beschämt. Sie aber äußerte beinah heftig zurück:

„Wie kann ich Bartone denn begleiten?! Pflicht und Recht binden das Weib, die Mutter, an's Haus und es wäre Sünde, dem Vergnügen nachjagen zu wollen, wenn jene vernachlässigt würden!"

Sie strich sich mit der schmalen durchsichtigen Hand leicht über die Stirn und dann lächelte sie gezwungen: „Ah, Marchese, die Männer sind oft so unvernünftig! Sie denken nur an die Befriedigung der eigenen Launen, aber niemals an jene Schranken, welche die Ehe jedem gewissenhaften Weibe auferlegt!"

Ein glühendes Roth des Schreckens überflog hier plötzlich das reizende Gesicht, als habe sie zu viel gesagt. Ich erwiederte ihr ernst:

„Vielleicht haben Sie zuweilen Recht! Jedoch, meine Gnädige, nur zu oft vergißt auch das Weib, daß sie doch Gattin bleibt, wenn sie auch Mutter ist—" und als ich sah, wie sich ihre Züge schnell wieder umdüsterten, setzte ich, in den scherzenden Ton übergehend, hinzu: „Leider ist es Wahrheit, daß wir Männer ja noch mehr wie die Kinder, der vernünftigen Lenkung und des weisen Zügels der Frau bedürfen!"

Aus ihren bewegten Zügen las ich es, daß ich verstanden sei. Sie seufzte leise und sagte dann traurig:

„Die Lehre vom freien Willen ist doch eitel Lüge. Wir sind einzig und allein nur Spielball in den Händen der uns umgebenden Verhältnisse!"

„Nicht so gänzlich, meine verehrte Freundin, wie es oft scheint! Es bleibt uns der Vortheil, die Verhältnisse nicht als unumstößlich gegebene, ohne zu fragen, hinnehmen zu brauchen, wenn sie uns nicht passen. Mit sicherem Blick zu ermessen, wo sie sich nicht in Einklang bringen lassen mit unserem höchsten Streben, und muthig, ohne Furcht, zu versuchen, sie dort anders zu gestalten, heißt schon halb die Schlacht gewonnen haben. Die Feigheit ist des Erfolges größter Feind! Glauben Sie mir," setzte ich eifriger werdend hinzu: „gerade dort, wo das Schicksal oft am unbezwinglichsten erscheint, ist es nur wie Thon in des Künstlers Hand, wenn man wagt, es anzugreifen. Und genau wie der Thon bleibt die Masse Dasselbe, und wird geformt doch ein Anderes, Besseres — ja wohl gar das Ideal unseres Wollens! Nur muß man, wie gesagt, die Energie zur Gestaltung besitzen!"

Ich sah, meine Worte trafen ihr Ziel. Valerie blickte träumerisch zum Plafond auf und sagte dann gedanken=verloren:

„Wenn man nun aber von Natur zu schwach ist, um einem kräftigeren Willen wie dem eigenen zu widerstehen — wenn man nur stark genug zum Ertragen und ausdauernd im Unterordnen ist?" —

„So verdient man sein Geschick!"

Erstaunt richtete sie bei meinem energischen Ausruf das bange Kinder=Auge auf mich und fragte nach minutenlangem Sinnen:

„Sie verachten demnach die Resignation, Marchese — Sie — —"

Ich mußte lächeln und ich fiel ihr in die Rede:

„Meine theure Freundin — Sie begehen da die echt frauenhafte Sünde, das Kind mit dem Bade auszuschütten! O nein — ich verachte nicht nur die Resignation n i c h t, sondern ich halte sie sogar für die gekrönte Märtyrerin der Entsagung. Aber ein Nachgeben o h n e Kampf ist nicht Resignation — das ist S c h w ä c h e. Die Resignation ist jene größte Charakter=Glorie, die, nachdem sie ihre ganze Lebens= und Liebeskraft in den Kampf getragen hat, ausdauernd und bis zum letzten Moment, und dennoch unterlegen ist, — n i c h t verzagt, sondern ruhig das Banner des Glaubens auf den Leichenhügel ihres Glückes pflanzt, — bereit, in jedem Augenblick den gleichen Kampf für gleiches Recht wieder zu wagen — unbeeinflußt vom Resultat. Es ist das Vor=recht großer Seelen, r e s i g n i r t zu sein — wie es das Brandmal der Erbärmlichen ist, s c h w a ch zu bleiben!"

Ihre ernsten, schwermüthigen Augen verloren nach und nach ihre Trauer, als ich so redete, und ich hatte die Freude, sie endlich sogar im feuchten Glanze aufflammen zu sehen. Sie reichte mir die Hand, als ich geendet, und sagte mit rührender Einfachheit:

„Sie haben mir gefehlt, mein Freund—Sie müssen oft kommen—
oft, recht oft—Ihr Besuch hat mir unendlich wohl gethan!"

„So oft, meine Gnädige," erwiederte ich, indem ich ihre Hand ehr=
furchtsvoll küßte, „wie S i e es dulden werden, denn ich denke nur in
Washington mein diplomatisches Absteige=Quartier zu halten und bei
Ihnen in Baltimore ein Stückchen jenes römischen Lebens zurückzu=
zaubern, das uns Alle einst so glücklich gemacht hat!"—

„Ob das wohl möglich ist?" erwiederte ihr müder Blick—die Lippe
kein Wort—und das Herz?—

Ich aber ging — — ein traurigerer Mann um Vieles, als gestern
um dieselbe Stunde, wo mein Fuß dieses Land betrat!

O Fiorelli, Freund meiner Seele — kannst Du das Räthsel dieser
letzten Jahre lösen? kannst Du sagen, wo die Schlange in dieses
Paares Paradies einschlich?!

Ich höre Dich „ja!" sagen, und wieder energisch „ja!" rufen:
„Es ist das Weib im Rosaflor, das dunkeläugige Teufelsbild von der
Bühne—"

Mein Freund—Du irrst!

D a s Weib ist schön, ist gefährlich—ist schlecht, wenn Du willst—
allein das Grundübel liegt doch tiefer — es ist die Erbsünde, der alte
Fluch des Menschenthums. Es ist jene ewige Unzufriedenheit, die wie
der Wurm an der schönsten Blüthe, am reinsten Liebesglücke nagt,—
es ist das Verlangen der S i n n e , stets genießen zu wollen, und das
wilde Sehnen des Geistes, Neues, Frisches, noch nicht Erkanntes zu
erfassen; es ist die beständige Unruhe—das Schwanken zwischen Pflicht
und Neigung—die ewige Halbheit unserer Natur. Ein feuriges Tem=
perament—Gelegenheit—und je kühner der Geist—desto eher ist der
Lucifer fertig! Der Mensch will eben stets mehr, als er hat,—er will
G o t t sein und — wird zum Teufel!—

Drittes Kapitel.

Aus Valeriens Tagebuch.

Paoli war hier. Mein Gott! welche Erinnerungen er herauf beschwor!

Paoli—jung—schön—sorgenlos—ein Liebling der Götter;—ob er wohl je ein Leid gekannt hat? Er ist so ruhig, so sicher, so selbstbewußt und dennoch so bescheiden;—er erfüllt Einen mit jenem Gefühl der Bewunderung, die eine harmonisch beherrschte Natur stets einflößt, mit dem Vertrauen, das edle Seelen unwillkührlich sich erobern.

Ich athmete wieder ermuthigt auf nach seinem Besuch, denn unwillkührlich imponirte mir die milde Ruhe seines Wesens, die wahrhaft große Lebens-Auffassung dieser so reich begabten Natur — —

Ja!— —auch er muß den Schmerz kennen!—warum sonst liegt der tiefe Zug der Schwermuth um den feinen Mund—warum die melancholische Müdigkeit in den dunklen Augen?—allein, ich weiß jetzt auch, daß er ihn beherrscht, daß er nicht der Mann ist, zu unterliegen! O, wer sich doch aufschwingen könnte zu seiner Philosophie,—wer doch den Muth zum Kämpfen besäße,—wer— — —

Wohl versuchte ich in den Augenblicken, nachdem Paoli fortgegangen war, mich an seinem Beispiele zu stählen und weniger zaghaft zu versuchen, Manches in meinem Leben anders zu gestalten;— — allein o Prosa des Lebens! meine Vorsätze zerschellten sofort wieder—an der Unverfrorenheit einer irischen Dienstmagd.

Lächele nur—Du Stael Deines Geschlechtes!— — Das häusliche Glück scheitert doch oft an solchen erbärmlichen Klippen, und gar manche kühne Adlerseele unter den Weibern kann sich nicht frei machen von den Fesseln, die sie an die Alltäglichkeit binden, und sie quält sich und ringt umsonst, um sich über sie in die Lüfte zu erheben—bis sie endlich todtmüde und wund und elend zusammenbricht und duldet, bis sie stirbt. Das ist häufig das Loos der Edelsten unter ihnen.

Als ich in's Kinder-Zimmer zurückkehrte, fühlte ich, als komme ich aus der Kirche—eine Viertelstunde nachher, als sei ich in's Fegefeuer gerathen.

Bridget trat in kriegerischer Stellung vor mich hin, beide Arme in die Seiten gestemmt, das Antlitz zorngeröthet. Ich sagte, den Stier bei den Hörnern fassend, rasch:

„Ich danke Ihnen, daß Sie mir die Kinder so hübsch ruhig hielten, Bridget, obschon man Sie von der Wäsche fortrief! Nachher sollen Sie auch ein hübsches Geschenk bekommen— — —"

Ihr spöttisches Lachen unterbrach mich, und polternd begann sie: „Bei meiner Treu, das ist Alles sehr gut, Madame—allein ich bin ein Mensch, und was zu viel ist, ist zu viel!! Köchin, Stubenmädchen, Laufbursche und Waschfrau sein, dünkt mich, reicht aus für Eine. Kinderwärterin zu spielen dazu, wäre zu stark!! Zwar—ich weiß wohl, Sie sind eine gute Seele und würden mir's nicht alle aufbürden, wenn Sie es helfen könnten. Aber du lieber Gott!— Sie armes Lamm müssen ja selbst genug ertragen. Und bei St. Patrick! es ist 'ne Schmach, wie der Herr es treibt—er sollte sich schämen— — —"

So weit kam sie in ihrem Redeschwall, ehe ich halb begriff, was sie Alles hervorsprudelte. Jetzt unterbrach ich sie indignirt und befahl ihr, zu schweigen.

Allein die Hebe der Waschküche genirte das nicht im Geringsten. Sie fuhr einfach dort fort, wo ich sie unterbrochen hatte und rief in immer steigender Heftigkeit:

„Ja, das sollte der Herr! Und ob Sie es mir auch verbieten, Sie fromme Seele, so will ich doch einmal sagen, was ein armes Christen-Mensch wie ich von ihm denkt: Er ist der erbärmlichste, lüderlichste, hartherzigste Ehemann unter der Sonne—er— —"

„Schweig, Weib!" flammte ich auf in gerechter Entrüstung und zornig wie ich war, trat ich mit blitzenden Augen vor sie hin, um sie einzuschüchtern.

Die Tochter Erin's aber wich gelassen einen Schritt weiter zurück und bewies wieder einmal, daß, wenn ihre Race zornig wird, es für sie eben gar keine Schranken mehr gibt. Ganz familiär werdend, lachte sie höhnisch=gemüthlich auf und sagte:

„Nur ruhig, honey! Ich will einmal sprechen und ich will sagen, daß ich sehr wohl weiß, wer hier das Regiment führt! Zwar früher habe ich wohl gedacht, es sind nicht meine Sachen, wenn der Herr sein Weib behandelt, wie ein Sklaven=Mensch, und wenn ich gesehen habe, wie rothgeweint Eure Augen waren, dann hat es mich blos in den Fäusten gekitzelt und ich habe gewünscht, der Herr sei einer von unsereins."—

Ueberwältigt von der auf mich einstürzenden Gemeinheit, war ich mittlerweile auf einen Stuhl gesunken und sah stumm und entsetzt auf das zornige Weib. Mein Anblick mußte sie wohl wieder zur Besinnung bringen, denn sie sagte mit einem Mitleiden, für das ich sie hätte foltern mögen:

„Na!—armes Lamm, Sie können ja nicht dafür! Sie sind immer gut gegen unsereins gewesen! Aber der Herr—Gott bewahre mich vor so einem lumpigen Herrn!—der meinte stets, wir seien nur der Grund unter seinen Füßen! Kommt er da erst die Treppe heruntergepoltert, flucht wie der Schwarze und befiehlt mir, die armen Kinder, s e i n e Kinder, die er „schreiende Bälge" heißt, still zu machen. Und da ich mir erst den Seifenschaum von den Händen trocknen mußte, schimpft er mich B r i d g e t O'F l a g e r t b y, so niederträchtig, als wenn ich sein leibeigener Neger wäre! Na — da ist er aber an die Unrechte gekommen, Madame, und ich hab's ihm gegeben, bis er ganz wild zur Thüre hinaus gelaufen ist! Und nun bitte Madame—geben Sie mir meinen Lohn—ich gehe sofort und packe jetzt meine Sachen!"

In ungeheurer Indignation, sich die Hände am geschürzten Rock abreibend, drehte sich die „Hülfe für Alles" auf den Absätzen herum und verließ, den Kopf stolz in den Nacken geworfen, das Zimmer, noch immer forträsonirend.

Da saß ich nun allein, todtmüde von der durchwachten Nacht am Bette meines kranken Lieblings ——und weinte!

Paoli an seinen Freund Fiorelli.

Washington, den 18. September.

Es war meine Absicht gewesen, sofort nach meinem Besuche bei Frau Valerien Baltimore zu verlassen und mich schnell in Washington zu installiren, um dann so oft ich konnte, zu den Freunden zum Besuch zurückzukehren. Nachdem ich aber das reizende Weib gesehen und so ganz anders gefunden hatte, als ich es zu finden erwartet, veränderte ich meinen Plan wieder und blieb in B. Es trieb mich meine Liebe zu den zwei reich begabten Wesen, die sich offenbar einander entfremdeten, nach dem traurigen Hebel ihrer Mißverständnisse zu forschen, und wenn ich es könnte, zu versuchen, Alles, was zwischen ihnen stehen möge, zu entfernen.

Du wirst lächeln, skeptische Freundesseele, und ruhig sagen: „Paoli, hüte Dich, daß Du Dir nicht die Finger verbrennst!" Ich kenne Dich! — — und doch weiß ich, wie Du handeln würdest, wenn Deine Lippe auch tausendmal derart redet. Also vertraue ich Dir willig an, daß es mir scheint, als habe eine gütige Vorsehung mich genau zur rechten Stunde nach den Gestaden der neuen Welt getragen — um die edle Aufgabe zu erfüllen, zwei Menschenleben vor dem Schiffbruch zu retten!

Einsam, grübelnd, sinnend trieb ich mich während jenes Tages in Baltimore und seinem schönen Park umher — vergebens strebend nach dem „Wie", welches dem Uebel Abhülfe schaffen sollte. Zwar kannte ich noch nicht genau, „wo Etwas faul war im Staate Dänemark", aber ich ahnte es doch. Und um Gewißheit zu erlangen, beschloß ich, Abends wieder in's Theater zu gehen, und ungesehen von Allen aus der Tiefe der Loge zu beobachten. Kam Bartone abermals und wiederholte sich Das, was mein Mißtrauen Abends zuvor geweckt hatte, so wußte ich auch, woran ich war. Erfolgreich vermied ich Bartone, der mich zweimal im Hotel zu treffen suchte. Er hinterließ zuletzt folgende Note:

Theurer Marchese!

Wo, bei'm Zeus! stecken Sie denn die ganze Zeit? Ich hatte mich Tags über frei gemacht, um mir das Vergnügen Ihrer Gesellschaft zu gestatten, das mir der heutige Abend eines dringenden Engagements wegen nicht gönnen will. Unmuthig, Sie nun bis morgen nicht sehen zu

können, lade ich mich zum Frühstück mit Ihnen ein, um dann mit Ihnen
Arrangements zu treffen, wie wir Ihnen dieses prosaische Land genießbar
machen können. Bis dahin au revoir, mon ami!

F. B.

Mich verfolgte während des ganzen Tages das Problem, wie es doch
komme, daß ewig und immer gerade die edlen Frauen es sind, die Perlen
ihres Geschlechtes, welche verlassen werden Unwürdiger willen.

Ist der Mann denn wirklich ein so erbärmlich organisirtes Wesen,
daß er die Tugend nicht auf die Dauer ertragen kann, und daß das
Laster, d. h. die animalische Herrschaft der Sinne, ihn immer wieder
einfordert, wie der Teufel die ihm verfallene Seele — auch dann, wenn
die edelste Liebe ihn zu erlösen strebt? Fast scheint es so.

Denn mit all' meinem Moralisiren, meinen Rettungsplänen für
Andere, schwebte ich Abends selbst in Gefahr, mich zu verlieren.

Das Stück, das man gab, war eines jener feinen, mit ästhetischer
und künstlerischer Vollendung geschaffenen Apotheosen raffinirten Ge=
nusses, wie die Franzosen allein sie zu schreiben verstehen, ohne den
Geschmack zu beleidigen.

Rosa Dubarron schien für die Rolle geschaffen. Sie war die Göttin
eines unheiligen Cultus, welche den Mantel der Decenz nur als künst=
lerische Drapirung umhängt, um die halb verhüllten Reize noch verfüh=
rerischer zu machen, die mit der Unschuld koquettirt, mit dem Laster lieb=
äugelt und — — mit ihrem Zauberlachen die V e r n u n f t in die
Flucht jagt.

Bartone war richtig da, und tiefer noch hinter dem Vorhang der
Loge verborgen wie gestern, wohl nur meinem Späher=Auge erkennbar.

Schüttele mißbilligend das Haupt, Fiorelli, wenn ich Dir sage, daß
mein Geist derartig vom Schönheits=Rausch eingenommen wurde, daß
ich wahrhaftig vergaß, ihn zu tadeln, daß er überhaupt erschienen war.
Wer konnte widerstehen, entzückt bis zur Selbst=Vergessenheit diese nur
von leichtem Rosaflor umwogte Antike als ein Gnadenbild der Schöpfung
anzustaunen? — wer konnte ohnehin, diese weichen, wundervollen For=
men, deren Gewandung bald verhüllend, bald entweichend ihre volle
Pracht mehr ahnen als erkennen ließ, enthusiastisch zu verfolgen?

Freund—die Religion des Fleisches mag eine unedle sein—aber sie ist nun einmal überwältigend.

War es nicht in jenen Minuten, als lächele die Nemesis kaustisch und flüstere mir höhnisch in's Ohr: „Freund, wo ist nun D e i n e Weisheit von vorhin?"

Doch, mein Blut war einmal in Wallung und jede der rythmischen Schwingungen Rosa Dubarron's verrieth mir, wie diese vollreife, zum Genießen geschaffene, lebe=glühende Frauenblüthe zum Verderben des Mannes werden müsse, den sie umkose.

Ich sah zu Bartone hinüber;—Einswellen gleich schoß da doch die Ueberlegung wieder über die erhitzte sinnliche Phantasie hin und vertrieb mir jede Wallung ungestümer Jugendlichkeit. Sein Bild gab mir mich selbst zurück. Wie ein pflichtvergessener Antonius lag er da im Sessel und sah von der Schöpfung nichts mehr als das üppige Weib, das ihn Gattin, Kinder, Pflicht und alle heiligen Güter der Menschheit vergessen machte, und in seine Augen, auf seine Lippen trat es deutlich, das unheilige Wort:

„Richard bot ein Königreich für ein Pferd — ich opfere eine Welt für ihren Besitz!"

Entrüstet über mich selbst, erhob ich mich und fragte mich beschämt, ob ich denn wohl 'ein Recht habe, über Andere den Stab zu brechen. Trotz dieser Selbstkritik flüsterte mir eine andere Stimme zu:

„Du wenigstens bist frei, Dich selbst zu verlieren, wenn Du willst— Du wenigstens zertrittst nicht auch die zarte Liebessaat eines reinen, vertrauenden Gemüthes.

Ich begriff jetzt, daß es nur e i n e n Ausweg aus den Netzen dieser Circe gab, den der Flucht. Einer Gefahr, der man nicht gewachsen ist, aus dem Wege gehen, ist keine Feigheit.

Die Erinnerung an die Lichtgestalt Valeriens befähigte mich, sofort die unwürdige Fessel eines blos physischen Zaubers abzustreifen. Aber ich wollte nicht fliehen, ohne zu versuchen, auch dem Freunde die Augen zu öffnen über den Abgrund, dem er sich nähere. Darum nahm ich mein Taschenbuch, in dem ich stets Papier und kleine Envelopes mit mir führe und entwarf folgende flüchtige Zeilen an Bartone:

Mein Freund!

Du bist in großer Gefahr—wie ich es war! Aber ich entfliehe ihr, weil sich nicht leicht Einer meines Geschlechtes zu einer unwürdigen Gefangenschaft verurtheilt. Folge mir, Bartone, denn als Mann mußt Du es ja erkennen, daß nicht der Vesta heiliges Feuer in jenen flammenden Vulkanen lodert, die erst vollkommen entfesselt, Blitze schleudern werden, unter denen Manneskraft und Menschenwürde zersplittern müssen, wie mürbes Reis! Felix, bei Allem, was Dir heilig ist, beschwöre ich Dich, bei'm Haupte Deines armen Weibes, bei'm Leben Deiner kranken Kinder, fliehe diese Lorelen, so lange es noch Zeit ist: sie wird Dich sonst unfehlbar mit sich in die Tiefe ziehen!

Francesco di Paoli.

Nachdem ich den Brief zugemacht hatte, gab ich ihn einem Theaterdiener zur Besorgung und blieb noch in meiner Loge, bis er richtig an seine Adresse abgeliefert worden war. Dann verließ ich mit einem befreiten Aufathmen das Theater und befand mich eine Stunde später auf der Eisenbahn, die mich noch selben Abends nach Washington beförderte.

Ob meine Flucht entschuldbar war, überlasse ich Dir zu entscheiden; — daß die Pflicht gegen meine Freunde mich bald wieder nach Baltimore führen muß, weiß ich auch ohne meines lieben Herzens-Freundes Fiorelli's Weisung.

Viertes Kapitel.

Als Felix Bartone den Brief Paoli's erhielt, war er so vertieft im Verfolgen des Spieles der schönen Rosa, daß er ihn unerbrochen in der Hand behielt, bis sie die Bühne verließ. Dann öffnete er ihn, blickte flüchtig darüber hin, biß sich zornig auf die Lippen und las ihn darauf erst sorgfältiger durch. In seinen Augen entbrannte ein unheimliches Licht und auf seine Züge lagerte sich eine böse Unzufriedenheit, die ihn sehr entstellten. So, unter der Gewalt widerwärtiger Eindrücke, trug seine düstere Schönheit ein geradezu diabolisches Gepräge.

„Bei'm Jupiter, dieser Marchese ist ein kühner Mensch, mich derart zu reizen!" murmelte er erbittert und ohne daß der edle Pathos in den

Zeilen Paoli's ihn im Mindesten gerührt hätte. „Ich wollte, der phlegmatische Tugendheld wäre in Italien geblieben!" setzte er energisch hinzu, knitterte das Billet zornig zusammen und schob es in die Westentasche. Dann wandte er sich sogleich wieder der Bühne zu.

Nach dem Ende der Vorstellung machte er den Schauspielerinnen, ganz wie Abends zuvor, seine Aufwartung hinter den Coulissen.

„Wo ist Ihr Pollux, Herr Bartone?" war Rosa's erste Frage, als sie ihn sah, und auf seine Antwort: „Er ergriff die Flucht vor der Aphrodite!" zog sie unmuthig die schön geschwungenen Brauen zusammen und sagte:

„Er gefällt mir dieser hübsche Marchese mit den traurigen Augen und dem feinen Wesen! Er sieht aus, als habe er eine unglückliche Liebe — — —"

Bartone ärgerte ihr sichtliches Interesse an Paoli und mit einem spöttischen Lächeln unterbrach er sie:

„Dergleichen passirt den Lebemännern des neunzehnten Jahrhunderts nicht oft, schöne Rosa!"

Sie warf ihm durch die halb geschlossene, lange dunkle Wimper einen vielsagenden Blick zu und sagte, mit ihrer Busenschleife tändelnd:

„Ah—ich vergaß es, daß wir in einem so aufgeklärten Zeitalter leben, daß große Leidenschaften hors du combat gekommen sind — — und nur noch excellente Küchenzettel Würdigung finden!"

Bartone maß sie erstaunt — es lag eine große Bitterkeit in ihrer Antwort. — — War Paoli's Abreise doch wirklich schmerzlich von ihr empfunden, so sehr, daß es diese ungewohnte Laune erzeugte?!

Bei dem Gedanken schoß es wie sinnlose Eifersucht durch die leidenschaftliche Männerseele und unter dem Impulse des Augenblickes sagte er unbedacht:

„Parbleu, Mademoiselle! Paoli verdient nicht, daß Sie sich seiner so liebenswürdig erinnern, denn er hat eben nicht die größte Sympathie für Sie empfunden!"

Sie lachte und zuckte die Achseln.

„Ah—das kann sich ändern, mon cher!! Doch wie erfuhren Sie diese immerhin beachtungswerthe Neuigkeit?"

Bartone zog das zerknitterte Billet hervor, strich es glatt und faltete es dann sorgfältig wieder zusammen. Er schob es, ohne es ihr gezeigt zu haben, mit den Worten in die Tasche zurück:

„Hier äußert er das schwarz auf weiß, kleine Neugierige! Freundespflicht verbietet mir jedoch, Ihnen den Beweis auszuliefern!"

„Mich dünkt, Freundespflicht hätte Ihnen auch vollständiges Schweigen darüber auferlegen sollen!" gab sie kurz und scharf zurück und drehte ihm den Rücken.

Frau Dubarron trat jetzt an Bartone heran:

„Herr Consul, ich habe eine Bitte an Sie! Geben Sie uns Revanche für den gestrigen schönen Abend, indem Sie bei uns zu Hause ein Glas Punsch verzehren. Ich hatte einst den Namen, den besten Punsch in Rouen brauen zu können,— versuchen Sie, ob ich dieses Lob heute noch verdiene!"

„Mit Vergnügen, verehrte Dame!" erwiederte Bartone schnell und wollte eben ein Compliment für die Alte hinzufügen, als Blanche, die ihn auffallend kurz und schroff heute Abend behandelte, abwehrend sagte:

„Zu dieser Probe findet sich später wohl noch eine passendere Zeit, liebe Mutter! Ich meine, Rücksicht auf die späte Stunde und andere Umstände sollten uns ein für allemal verbieten, nach dem Theater noch Besuch zu empfangen!"

Rosa blickte nach diesen wohl überlegten Worten ihre Schwester zornig an und Madame Dubarron erstaunt. Diese sagte dann lächelnd:

„Kleine Prüde, Deine Bedenken ehre ich gewiß, mit Ausnahme dieses Falles! Sieh! es würde mir ja nicht einfallen, irgend Jemand anders als den Herrn Consul zu bitten — er aber, der so zu sagen Gevatter Eurer Künstler-Laufbahn ist—gehört ja zur Familie!"

Bartone's Lage war keine angenehme. In jedem anderen Falle hätte er stolz sofort dem Winke Blanche Folge geleistet,— aber Rosa's Blick lag fest und bittend auf ihm und hieß ihn bleiben. Blanche erwiederte jetzt gelassen und fest, ohne sich einschüchtern zu lassen:

„Pas du tout, liebe Mutter! Ein v e r h e i r a t h e t e r Mann, wie der Consul, hat in unserer Gesellschaft ohne seine Gemahlin nichts zu thun!"

Ihr Auge lag anklagend und drohend dabei auf seinen Zügen, die nach ihren unerwarteten Worten convulsivisch aufzuckten. Und eine dunkle Gluth schoß sogar über den gelblich angehauchten Teint, ja! momentan fiel sein Auge erschrocken vor dem ihren.

Rosa aber stand wie versteinert neben ihm und sah mit unverhohlenem Schrecken und Angst im Blick zu ihm auf um Bestätigung oder Widerlegung. Alles Blut schien ihr zum Herzen zurückgetreten — sie war blaß wie Schnee. Nur Madame Dubarron hielt ihre vollständige Unbefangenheit fest und äußerte nach der ersten natürlichen Ueberraschung:

„Ah bah, Kleine! Eheleute können nicht ewig unzertrennlich sein! Und daß der Herr Consul verheirathet ist, hebt ja nur den letzten Stein des Anstoßes hinweg—also beeilt Euch, Mädchen!" Geschäftig wandte sie sich um und griff nach Hut und Mantel.

Bartone und Blanche maßen sich währenddem stumm und feindlich mit den Blicken—dann sagte er stolz:

„Ich danke Ihnen, Mademoiselle, für Ihr Interesse an meinen Privatsachen, welche vor das Forum Ihres Urtheils zu ziehen ich mich nicht bewogen fand!"

Die Anmaßung des Aristokraten, die in diesen eisigen Worten ihren vollsten Ausdruck fand, empörte das in seinem Rechtsgefühl tief verletzte Mädchen auf's Aeußerste, und entrüstet flammte die sonst so Sanfte auf, während ihre Lippe convulsivisch bebte:

„Es war unritterlich von Ihnen, mein Herr, uns mit geschlossenem Visir gegenüber zu treten!"

„Leugnete ich etwa die von Ihnen so sehr betonte Thatsache?" brauste er nun auch seinerseits sehr gereizten Tones los.

„Nein!—aber Sie verheimlichten sie uns absichtlich—und das war armen Mädchen gegenüber eine Sünde, denn Sie wissen als Mann von Welt ganz genau, wie leicht dergleichen zu Mißdeutungen Anlaß giebt!" sagte sie, wieder ruhig und würdevoll wie gewöhnlich.

Er biß sich auf die Lippen, wandte sich brüsk von dem muthigen Mädchen ab und sah auf Rosa, die noch immer regungslos neben ihm stand.

„Fräulein Rosa!" begann er mit weichem Ton—allein sie ließ ihn nicht weiter kommen. Als gäbe seine Stimme ihr Leben—Bewegung—Empfindung zurück, so richtete sie sich plötzlich stolz empor. Ihr Busen wogte, ihr heißes Auge richtete sich flehend auf ihn—ihr Antlitz deckte Rosengluth und mit umschleierter Stimme fragte sie heftig:

„Ist es denn w a h r, was sie sagt?"

„Nun ja"—lachte er forcirt auf: "Pourquoi donc tant du bruit pour une omelette, mes dames?"

Nun schleuderte ihm Rosa ihrerseits einen vernichtenden Blick zu und wollte sich ebenfalls von ihm abwenden. Aber er ergriff ihre Hand und sie zurückhaltend, flüsterte er leidenschaftlich, nur ihr verständlich:

„Mein Gott, Rosa, wollen Sie denn auch so unbarmherzig sein eines Umstandes willen, der mehr mein U n g l ü c k als mein F e h l e r ist?"

In den vollen reichen Tönen wahren Gefühls schlugen seine Worte an ihr Ohr. Sie hob widerstrebend noch den Blick — und um ihre Fassung war es sofort dann gethan. Die leidenschaftlichen Naturen, die sich da gegenüber standen, waren aus demselben Guß geschaffen. Sie loderten auf in hellen Flammen, als sie einander lange, tief, fragend, forschend und flehend in die Augen sahen.

„Soll ich gehen, Rosa?" flüsterte er endlich bittend.

Keine Antwort; —sie sah nur jetzt auf den Boden nieder und entzog ihm leise ihre Hand.

„Weisen Sie mir auch die Thüre, wie Ihre Schwester?" setzte er lauter und bitter hinzu,— so daß Blanche und Madame Dubarron es hören konnten.

„Ich?" erwiederte sie jetzt gezwungen und lachte auf: „mein Gott, warum denn, Herr Bartone? Das hieße ja eingestehen, daß ich Sie fürchte, und bei allen Heiligen der Bühne! Monsieur Bartone, S i e könnten mir überhaupt niemals gefährlich sein!"

Wie zornige Verachtung, wie wehmüthige Trauer, wie Groll und wie Spott zugleich klang es aus den verletzenden, unartigen Worten.

Er biß sich auf die Lippe, bis sie blutete — — aber er begleitete sie dennoch nach ihrer Wohnung.

Blanche redete kein Wort mehr—sie war verstummt und vernichtet von der unerwarteten Aufnahme, die ihre Worte bei Rosa fanden. Hatte sie mit ihrer zarteren weiblichen Natur doch erwartet, daß die Schwester, die, wie sie längst gewahrt, Bartone vor anderen Männern bevorzugte, sich entrüstet und beleidigt von Diesem sofort abwenden würde, wenn sie erfahre, wie er sie irre geleitet durch seine Aufmerksamkeiten gegen sie, die jedem ehrlichen Manne verboten gewesen wären.

Statt dessen schritt sie nun lachend und übermüthig scherzend an seinem Arme die Treppe zu ihrer Wohnung hinauf und Blanche folgte ihr, dem Weinen nahe. Es erschien ihr so ganz unnatürlich, daß Rosa, als sei nichts Störendes vorgefallen, lustig und leicht mit dem Manne verkehrte, dem sie hätte die Thüre weisen sollen. Ja, als man oben angekommen war, löste Diese sogar noch rasch den Schleier vom dunklen Lockenhaar, ballte ihn zusammen und warf ihn jubelnd, wie ein übermüthiges Kind in die Luft.

„Jetzt, Monsieur Bartone, wollen wir lustig sein—lachen, plaudern, trinken und dann Alles leben lassen, außer dem Fluch des Erden-Daseins, der Langeweile!" rief sie und warf sich ungenirt in den ersten, besten Sessel und machte es sich bequem.

Bartone schob einen anderen an ihre Seite und ließ sein dunkel glühendes Auge voll und bewundernd an ihren lebhaft gefärbten Wangen hängen, auf welche die Empfindungen der letzten Minuten nur erhöhte, lebensvollere Tinten gehaucht hatten!

Blanche beobachtete das Alles mit ganz unaussprechlichem Unbehagen. Was sollte, was konnte sie thun, um die leichtbeschwingte Schmetterlings-Seele zurückzureißen von dem Feuer des Verderbens, dem sie sich spielend mit so unbegreiflicher Blindheit nahte?

Sie war von einer bezaubernden Laune heute Abend die schöne, hinreißend anmuthige Schauspielerin und spielte—denn zu der Ansicht bekannte sich schließlich Blanche innerlich,— mit Bartone, um ihn den Zorn nicht gewahren zu lassen, der ihre stolze Seele überfluthete;—ja sie spielte Uebermuth, Lust und Behagen. Und so meisterhaft gelang ihr das, daß sie nicht nur ihn täuschte, der ganz berauscht von ihrem pikanten, wechselvollen Wesen, sie anstaunte,— sondern daß auch sie selbst zuletzt so hingerissen wurde vom eigenen Verstecken-Spiel, daß sie es ganz vergaß, daß sie nur zu täuschen beabsichtigte, und wirklich überging zum fieberhaften Wechsel, bald ausgelassen lustig, bald prickelnd satyrisch, bald übermüthig neckend.

„A propos, mein Freund — jenes Billet, das Sie von dem Marchese erhielten — — ich läse es doch gar zu gern!" rief sie plötzlich bittend die dunkelstrahlende Pracht der Augen voll auf ihn richtend.

„Fordern Sie Alles, schöne Rosa — nur das nicht!" erwiederte er ihr, unmuthig darüber, an Paoli erinnert zu werden.

Sie lachte auf.

„Wie wenig Sie die Frauen kennen, mein Herr! Ihre Weigerung spornt meine Neugierde nur noch mehr an. Jetzt f o r d e r e ich jenes Briefchen bei Androhung meiner vollsten Ungnade!!" Und sie sprang auf und stellte sich dicht vor Bartone hin mit ausgestreckter Hand.

Bartone's Auge ruhte keck und mit eigenthümlichen Ausdruck auf ihr, als er spöttisch fragte:

„Was geben Sie mir, holde Evas-Tochter — w e n n ich gehorche?"

Blanche fühlte bei dem leichtsinnigen Spiel, als solle sie ersticken. Sie hielt es jetzt nicht mehr länger im Zimmer aus und eilte fort in die Küche, wo ihre Mutter noch immer bei der Bereitung des Punsches verweilte.

„Um Gotteswillen, Mutter, beeile Dich doch! Du weißt nicht, wie nöthig Deine Gegenwart da drinnen ist!" sagte sie bebend.

„Ah bah! alberne Kleine, wie Du mich erschreckt hast! Aber" setzte sie, Blanche prüfend, hinzu: „Du bist nicht wohl, Kind, Du siehst furchtbar blaß aus, — warte, ich gebe Dir erst ein Glas Punsch; das Spielen greift Dich mehr an, wie Rosa und — —"

Das Mädchen lächelte bitter.

„Zögere nicht, Mütterchen!" bat sie dann dringend, „ich will hier Alles besorgen und dann gehe ich zu Bett. Es ist wahr — ich kann das S p i e l e n nicht vertragen!"

Frau Dubarron gehorchte und ging.

Mittlerweile hatte sich drinnen eine sonderbare Scene abgespielt. Als Blanche das Zimmer verlassen, war auch Bartone aufgesprungen und stand nun dicht neben Rosa. Er flüsterte ihr leise ein Wort in's Ohr, das ihr Purpurgluth auf Stirn und Wangen trieb und sie das Auge senken machte.

Ungeduldig mit dem Fuß stampfend, sagte sie dann nichts, als: „Zuerst das Billet!"

„Es ist für Niemanden weniger bestimmt, als für Sie, schöne Rosa! 'Mais—tu l'a voulu, Dandin!' spreche auch ich—wenn ich meinen Sold bekommen habe!"

Unter den gesenkten Wimpern her schoß ein versengender Strahl über ihn hin,—dann sagte sie leise nochmals: „Zuerst den Brief!"

„Zuerst den Sold!" erwiederte er und sein leidenschaftlicher Blick umspannte sie wie mit zuckenden Gluthen.

Sie zögerte — dann trat sie um einen Schritt weit zurück, sah ihn stolz und kalt an, so daß es momentan wie Eis auf sein erregtes Gemüth fiel, und spottete:

„Man fordert seinen Lohn nicht vor der That!"

Ihr plötzlicher Wechsel im Ton machte ihn vollständig außer sich gerathen und entflammte ihn nur noch mehr nach der ersten Sekunde der Ueberraschung. Er näherte sich ihr wieder, legte kühn seinen Arm um ihre Taille und flüsterte ihr mit heißem Athem zu:

„Und folgst Du nicht willig,

So brauch' ich Gewalt"— —

Aber ehe er sein kühnes Wagniß, sie näher an sich zu ziehen und einen Kuß auf ihren Mund zu drücken, ausführen konnte — hatte sie ihn auch schon unsanft von sich gestoßen und zürnte mit zornsprühendem Blick: „Herr Bartone—Sie vergessen sich!!"

Ihm kam nun endlich die Besinnung zurück — er strich sich hastig über Stirn und Wangen und schritt dann von ihr fort, zum Kamin hin. Darauf erst sagte er leise und demüthig:

„Sie haben Recht, mein Fräulein—ich bitte um Verzeihung!"

Allein der wunderlichen Mädchen-Natur vor ihm behagte anscheinend diese Bitte noch weniger, wie seine erste, und veränderlich wie

April-Wetter, lachte sie spöttisch auf: „Mein Freund — Sie hätten eigentlich Kapuziner-Mönch werden sollen!"

Erstaunt sah er auf und fragte gedehnt nur: „Warum?"

„Ah — ich hätte Sie dann vielleicht zu meinem Beichtvater gemacht!"

Ihre Augen lachten dabei so koboldartig, daß der Mann, dem sie dabei wieder näher getreten war, darüber von Neuem Alles vergaß, ihr entzückt in's warme, glühende Antlitz sah und flüsterte:

„Denken Sie einmal, ich sei es wirklich und bekennen Sie mir alle Sünden, die diese bösen, verwirrenden Augen schon begangen haben!" — und wiederum legte sich sein Arm leise um ihre Gestalt.

Und sie stieß ihn nicht mehr von sich. Sie lehnte sich zwar weit zurück, aber das zwang ihn nur, sie desto fester zu halten, und so sahen sie sich für einen Augenblick tief in die Augen. Er — siegesgewiß, mit flammenden Blicken, während ihre nahe Schönheit ihm die Sinne umnebelte, so daß Pflicht, Ehre, Alles vergessen war im Taumel der Minute, — sie, halb zagend noch, halb verhüllend nur, die innere wilde Leidenschaft bändigend. „Habe ich je gegen Sie gesündigt, Bartone?" flüsterte dann leise ihr Mund, während ihre Hand rasch und gewandt, ohne daß er es sah, das Briefchen, welches nur halb in seine Westentasche zurückgeschoben war, an sich nahm.

„Unverantwortlich, Satanella! — Sie müssen Buße thun, ehe ich Ihnen Absolution geben kann!" — — und dabei näherte sich schon sein Mund dürstend den rosigen, lachenden Lippen.

Aber wie eine Schlange verstand sie, sich ihm zu entwinden. Es schien, als behage es ihr unendlich, sein leidenschaftliches Naturell erst zu entflammen und ihn um alle Besinnung zu bringen, um ihn dann unbarmherzig von sich zu stoßen.

„Sehr wohl — so will ich auch willig büßen, aber in anderer Weise, wie Sie, verpfuschter Kapuziner, es verlangen!" lachte sie boshaft über seine Verwirrung, die sich in einem halb unterdrückten Fluche Luft machte. „Ich will dieses Urtheil — — eines ehrlichen Mannes über mich lesen!" und dabei schwang sie Paoli's Brief neckend über ihrem Haupte.

Jetzt erst gewahrte Bartone, daß sie ihr ganzes loses Spiel doch nur mit ihm getrieben habe, um sich in den Besitz desselben zu setzen.

Verletzte Eitelkeit, Zorn und Leidenschaft durchbrauseten sein Inneres, —Scham, Aerger und das erwachende Pflichtgefühl kamen hinzu, und gegeißelt von dem schneidenden Hohn ihrer letzten Worte, sagte er, um alle Besinnung gebracht, sardonisch lächelnd:

„Nun gut, schöne Rosa, so lesen Sie immerhin die gestohlene Epistel — sie wird Ihnen vielleicht eine Lehre geben, die Ihnen nicht eben schaden kann!"

Und sie las sie denn auch, las sie, als sie allein war nach einigen im tollen Wechsel unstäter Laune verbrachten Stunden, in denen sie die heftig empfindende Natur des Mannes mit den Nesseln ihrer pikanten Koquetterie bis zum Extrem gequält hatte.

Und als sie las—da wurden die lebensvollen, glühenden Wangen blaß, das flammende Auge düster und immer düsterer. Ihr Busen wogte heftig, ihre Rechte krampfte sich fester um den Brief, bis sie ihn endlich in tausend Stücke zerriß und unter die Füße trat.

Nicht Scham, nicht tödtliches Erschrecken einer jungfräulich unberührten Seele, daß M ä n n e r also über sie zu reden wagten, war es, was ihr Innerstes bewegte. Nein!—nur ein blindes, zorniges Aufwallen und verletzte Eitelkeit dictirten ihr die mit dem vollsten Pathos eiserner Entschlossenheit gesprochenen Worte:

„Wartet nur—meine Freunde, Ihr!!! B e i d e sollt Ihr es büßen, was Ihr mir gethan!"

Fünftes Kapitel.

Paoli an Fiorelli.

Baltimore, im Oktober.

Mein Freund!—Meiner Absicht gemäß, weile ich mehr hier, wie in Washington. Andere Gründe, andere Ursachen zwar, als ich vormals ahnte, veranlassen meinen hiesigen Aufenthalt,— zunächst jene, die mich für Valerie Bartone's Glück erzittern machen. Die junge, holde Frau wird blasser und schmaler von Tag zu Tag, und es scheint ein Wurm an ihrem Glück zu nagen, den selbst meine treue Freundschaft nicht zu entfernen vermag. Ich weiß genau, was ihren Frieden stört, und kann es dennoch nicht ändern. O Fiorelli — der Mann ist doch das schwächere Geschlecht in der Schöpfung;—das Weib kann der Versuchung widerstehen, der Mann n i c h t. Mein Freund Bartone, der den vollen Werth einer reinen, ideal=angelegten Frauenseele kennt, die mit dem Thau ihrer edelsten, zartesten Empfindungen ihm das Manna der Schöpfung geboten hat,—er verfällt dem Gifthauch bloßen Sinnentaumels,—er opfert der Formen=Schönheit einer Venus aus Fleisch und Blut seine Ehre, seine Pflicht—sein besseres Erkennen, seine Menschenwürde.

Täglich ist er im Theater. Die Schwestern Dubarron sind zwar Mode geworden, und ein fast südlicher Enthusiasmus belebt diese kalte amerikanische Race in Bezug auf sie. Die sanfte, sinnige Blanche findet Verständniß unter der besseren Masse — das feurige, blendende Weib mit der wunderbaren Schönheit und der unterdrückten Leidenschaft, die ihr trotzdem aus allen Poren bricht—entflammt die Männer bis zur Sinnlosigkeit.

Man erzählt sich Wunder von den Blumen und Geschenken, die Beiden dargebracht werden, denn das „Hie Welf! hie Waibeling!" läßt auch darin einen Wetteifer unter beiden Parteien entstehen. Allein Blanche weist Alles zurück; ihrer feiner besaiteten Natur widerstrebt die Annahme solchen Tributs, und nur der wohlverdiente Triumph, den sie feiert, wenn sie im Theater stürmisch applaudirt wird, macht ihr Freude. Nichts gleicht der entzückenden Anmuth, dem echt mädchenhaften, scheuen und doch glücklichen Ausdruck, mit dem sie dann dem Publikum dankt,—während ihre Schwester das hinnimmt, als sei solche Anerkennung ihr äußerst gleichgültig, und kaum das königliche Haupt ein wenig neigt.

S i e nimmt überhaupt Alles sehr leicht hin; und wie Ruhm und Auszeichnung sie täglich von Neuem beglücken,—so decken auch fast täglich ihre entzückenden Formen neue Geschmeide, Perlen und Diamanten. Was immer die Devotion ihrer Opfer bietet,—s i e acceptirt es ohne Zögern. Selbst ihrer Mutter, die gierig, lebenslustig, un scrupulös ist, geht ihre Nonchalance des Acceptirens über ihr Verständniß. Der Schwester Tadel, der Mutter Protestiren hilft nichts. Rosa lacht Beide aus und sagt sorgenlos:

„Warum die Narretei der Menschen nicht ausbeuten? — Ich lebe nur einmal, und nach mir kommen andere Sterne!"

„Andere Irrlichter!" ergänzte sie zornig einst Bartone nach diesen Worten, als er finster, mit düster zusammengepreßten Brauen sie maß, wie sie eitel einen neuen Schmuck anprobirte, den sie eben bekommen.

Doch ich muß mich unterbrechen, Freund, um Dir zu schreiben, wie ich das Alles weiß! Zwar werde ich bei Dir in den Verdacht der Inconsequenz kommen, wenn ich Dir gestehe, daß auch ich wieder die schöne Schauspielerin besuche,—allein Du kennst ja das Heiligenbild, das mich vor Versuchung schützt, und das vor dem Herabziehen in den Koth der Gemeinheit zu schützen, mich veranlaßte, das gefährliche Weib zu bewachen, damit es nicht zu gewissenlos an ihm handele. Siehst Du, Bartone ist verloren ohne mich! Indem auch ich die Schauspielerin besuche, lege ich ihm die einzige Fessel an, die ihn zurückhält, seiner tollen Leidenschaft mehr als unbewußten Ausdruck zu leihen—ja, oft gelingt es mir sogar, ihn zur Erinnerung seiner selbst zu bringen! Er ist kein gewissenloser Schurke — nur ein heiß empfindender, leidenschaftlicher Mensch, der, ohne nachzudenken, dem Impulse des Augenblickes folgt. Ich bin überzeugt, er macht sich oft die bittersten Vorwürfe, fühlt alle Qualen der Reue und faßt die erhabensten Sühne=Vorsätze. Allein—

Und die Schauspielerin?

Nun, Fiorelli!—sie ist mir trotz ihrer vielen häßlichen Eigenschaften dennoch eine Sphinx. Einmal zieht sie ihn nämlich an—bis auch ein kühlerer Kopf den Verstand darüber verlöre, und dann wieder stößt sie ihn von sich mit einer so unbarmherzigen, ja geradezu boshaften Kälte, daß selbst ich ihn in dem Moment bedauern muß. Und was schlimmer ist! zu solchen Zeiten bevorzugt sie mich, obschon ich sie stets mit gleicher höflicher, aber eisiger Art behandele, so augenscheinlich, so entschieden, daß selbst mir die Sinne zuweilen den Streich spielen, mich einen Moment die Satanella über der Venus vergessen zu lassen. Wäre ich überhaupt ein eitler Mann, so müßte das Benehmen der Schauspielerin tiefen Eindruck auf mich machen. Sie ist nie launig, sondern stets liebenswürdig gegen mich, und sucht sich oft sogar meinen ernsteren Lebens-Anschauungen anzupassen. Natürlich sehe ich stets dennoch die Schlange, welche Baleriens reines Eden verdorben hat — und ich suche sie eben durch meinen Einfluß so unschädlich wie möglich zu machen.

Neulich gelang es mir sogar, Bartone dahin zu bringen, daß er schwor, das Haus des gefährlichen Weibes nicht mehr zu betreten. Ob —und wie lange er den Eid heilig halten wird???!

Es war an eben jenem Tage, wo sie den neuen Schmuck mit jenen leichtsinnigen Worten angelegt hatte. Nachher setzte sie noch lächelnd hinzu:

„Wir sind nun einmal Eintags-Fliegen, wir dramatischen Künst= lerinnen! Warum da nicht allen Sonnenschein genießen während unserer kurzen Sieges-Laufbahn, und sei er auch condensirt in Dia= manten?"

Bartone sah sie mißbilligend an. Dann sagte er scharf:

„Weil jeder feine, weibliche Sinn sich dagegen naturgemäß sträuben muß, werthvolle Geschenke aus anderer, als des Geliebten Hand anzu= nehmen!"

Die ungeheuere Ironie der aufgestellten Moral schien ihm nicht bewußt zu sein.

Desto mehr ihr jedoch.

Sie tändelte mit dem Schmuck in recht auffallender Weise—lachte ausgelassen und sah ihn mit grenzenlosem Spott im Blick an.

Ohne meine Gegenwart zu berücksichtigen, sprach sie darauf mit scharfem Nachdruck:

„Ah?! — da müßte ich ja gleich damit beginnen, Ihnen etliche Armbänder, Rivièren ꝛc. zurückzugeben — denn wenn ich mich recht er= innere, enthält meine Collection auch einige solche sündige Lappalien von Ihnen, mein Freund!"

So weit also war es schon gekommen!

Bartone erwiederte kein Wort. Eine dunkle Gluth färbte den Oliventeint bis zu den Haarwurzeln. Scham, Verachtung und Groll jagten blitzschnell über sein Gesicht. Dann erhob er sich und richtete fest sein Auge auf das seiner spottende Weib. Und sie verstummte plötzlich—ja sie ließ erschrocken den Blick sinken vor dem zornigen Blitzen dieser mächtigen Augen, die sie zu vernichten drohten.

Nun wandte er sich zu mir und sagte kalt:

Kommen Sie, Marchese—es ist Zeit zum Diner!"

Und ich erhob mich—innerlich jubelnd, daß ihm die Frivolität der Dubarron endlich gründlich die Verblendung selbst vernichtete, mit der sie ihn umwoben hatte.

Nach stummem, fremden Gruß von seiner, und nach kurzem, höflichem Abschiede von meiner Seite— —befanden wir uns gleich darauf außerhalb des Bereiches der Schauspielerin. Auf der Straße schob er seinen Arm durch den meinen und flüsterte mit stürmischer Heftigkeit:

"Und um dieser Creatur willen vergaß ich meine Eide gegen einen Engel! Aber ich schwöre es!—ich werde j e n e Schwelle nie mehr übertreten!!"

———

Baltimore,—eine Woche später.

Ich gehe oft zu Valerien. Die sanfte, duldende Frau, welche sich nicht aufschwingen kann zum energischen Widerstand gegen seine harte, selbstwillige Natur, ist rührend in ihrem unerschütterlichen Glauben an Felix. Sie entschuldigt stets mit erfinderischer Rücksicht seine Launen, sie schützt ihn vor zu strengem Urtheil über ihn, wenn er abwesend ist— sie ist sich ewig gleich in ihrer Engelhaftigkeit. Und das macht mich oft positiv zornig. Zeigte sie ihm ein wenig mehr diabolische Unduldsamkeit, etwas menschliche Launen, und zuweilen einen Anflug gekränkten Selbst-Bewußtseins,—es stände besser um ihr Glück! Seine herrische, impulsive, ja wilde Natur kann nicht auf die Dauer von unterwürfiger Sanftmuth geleitet werden— nur durch die Kundgebung eines ebenbürtigen, ununterdrückbaren freien Geistes und festen Willens!

Natürlich geht mein ganzes Streben dahin, Bartone, ohne daß er die Absicht oder die Einmischung merkt, über das Ende, dem seine tolle

Verblendung zustrebt, aufzuklären. Nach einigen darauf hinzielenden Bemerkungen, sagte er neulich nachdenklich:

"Mein Freund, der Glaube an den Fatalismus löst uns alle Lebens Räthsel! Jeder Mensch wird, bewußt oder unbewußt, ehe er halbwegs den Lebensweg zurückgelegt hat, Fatalist! Was ist denn das Indivi duum anders, als eine bloße Welle, die das Meer bald spielend, bald unterjochend, bald verheerend über eine andere hinwegstürmen heißt, bis sie selbst vom Sturm zerpeitscht wird?! Was kann ich für die Organisation meiner Natur, die keine Kraft besitzt, physischer Schönheit zu widerstehen?"

"Halt, Bartone,—und die Religion, der Christen Glaube?"

"O," lachte er bitter auf: "kommen Sie mir nicht mit Menschen Satzungen gegenüber den allgewaltigen Gesetzen der Natur! Der ‚Glaube' ist ja gerade die Binde, welche W i l l k ü h r uns in der Ju gend so fest über die Augen legte, daß wir das klare Sehen ganz ver lernen und im späteren Leben b l i n d den Anforderungen der Vernunft gegenüber stehen. Die R e l i g i o n aber erweist sich dann als ein Gott aus Stein gehauen. Sie fordert das Recht, ohne selbst von Le benswärme, Menschen = Empfindung durchdrungen zu sein,—denn sie lindert nicht das Brennen, das Natur entzündet in der fühlenden Brust —sie hemmt nicht den fiebernden Pulsschlag, den Leidenschaft erzeugt! Nein! sie b e f i e h l t nur Entsagung, aber sie l e h r t sie nicht!! Wohl hält sie es für naturgerecht, daß der Strom hinstürzt über Felsen, den Abhang hinunter, bis sich sein Lauf erfüllt hat—daß die Blüthen im Orkan zerknicken—daß der Blitz die stolzesten Baumkronen zerschmet tert,—überall, allüberall läßt sie der Natur ihren freien Lauf—und nur der Mensch allein darf nicht handeln, wie es ihm die Natur ge bietet! Kaltblütig verlangt sie von ihm das Unmögliche! Wo, frage ich Sie, Marchese, ist da die Consequenz der Religion?"

Er hatte sich in's Feuer geredet und wartete nun mit flammenden Augen auf meine Erwiederung.

"Sie wissen sehr wohl, Bartone, daß ich nicht von jener Vogel= scheuche, der Religion der Bigotten, rede, die nur ascetische Opfer for dert und in der Vernichtung echt menschlicher Triebe Hohn spricht jeder vernünftigen Philosophie, wie selbst der Natur! Die Religion, von der ich spreche, ist göttlicheren Ursprungs. Sie fordert einfach nur, daß das Animalische im Menschen unter der Oberherrschaft des Geistigen stehe—sie will, daß unser Bewußtsein, das, was uns gerade von jenen willenlosen Sklaven der Naturgesetze unterscheidet, uns befähige, das moralische Rechtsgefühl in uns als einzige Norm unseres Handelns zu erkennen. Sie billigt eben so sehr den Lebensgenuß, wie sie den wilden Sinnentaumel verbietet—sie— — —"

„Genug, Paoli, Ihre kalten, ruhigen, wohl überlegten Worte sind mir unerträglich!" unterbrach mich düster Bartone und lachte dann bitter auf. „Wenn Ihr Blut, Marchese, einst zu Feuer wird in Ihren Adern, das Alles, was zuvor lammfromm und moralisch berechtigt emporblühte, versengt und ertödtet— —dann werden Sie auch begreifen, daß die Philosophie nur ist wie ein feiner Frühlings-Regen, der nichts, auch rein gar nichts vermag über die wogende Fluth eines entfesselten Elementes. Es muß sich einfach erschöpfen—Zurückdämmen ist unmöglich!"

Ich wollte ihm antworten, allein er winkte mir ungeduldig mit der Hand und sagte abweisend:

„Doch lassen wir dieses Kapitel über die Widersprüche der Religion und Natur, denn ich glaube kaum, daß man mir Neues darüber mittheilen kann! Zudem, Marchese!" setzte er gezwungen auflachend hinzu, „bin ich, wie Sie wissen, kein Mensch, dem Sophistereien und Predigten wohlthun; sie lenken selten auf eine andere Bahn, was einmal im unbesonnenen Weltlauf nach Irrlichtern jagt; bis es— — —"

„Im Sumpf versinkt!" unterbrach ich ihn kurz, und damit fand das unerquickliche Gespräch sein Ende.

———

Gestern traf ich Bartone um die Mittagszeit auf der Straße und in einer seltenen Anwandlung von Gastfreundschaft, lud er mich ein, mit ihm zu speisen. Arm in Arm wandelten wir hinunter nach seinem Hause, und ich fand den Freund liebenswürdiger und gleichmäßiger, wie seit langer Zeit. Schon hoffte ich auf eine bessere Zukunft—denn ich wußte, Bartone hatte seit acht Tagen weder das Haus der Schauspielerin, noch das Theater betreten.

Allein mein Frohlocken war doch verfrüht.

Unweit seiner eigenen Wohnung begegnete uns Rosa Dubarron, und zu spät gewahrten wir sie, um ihr noch ausweichen zu können. Sobald Bartone sie sah, trat ihm jäh das Blut in die Stirn, und sein Blick hing fest und wie bezaubert an ihr. Im schwarzen, sammetnen Straßen-Costüm, das in enger Cürraß-Taille die herrliche Form wunderbar hob, schwebte sie, graziös wie eine Blume am Stengel im Winde sich bewegt, direct auf uns zu. Das blendend schöne Antlitz deckte ein dicht anliegender weißer Schleier, der ihren Teint noch reiner, marmorner erscheinen ließ, während der breite Gainsbourough-Hut mit langer wallender Feder und leuchtender Stahl-Agraffe, das Pittoreske ihrer Erscheinung noch bedeutend erhöhte. Bei'm Zeus! mein Pinsel hätte sie so festhalten mögen, um der Nachwelt zu zeigen, daß die Frauen des 19. Jahrhunderts nicht ihren berühmten Vorfahrinnen aus dem 16. nachgestanden.

Sie reichte uns Beiden eine ihrer Hände und rief mit unleugbarer Anmuth aus: „Aber, meine Freunde, wie kommt es denn, daß ich Sie so lange nicht bei mir gesehen habe?" Und ohne die Antwort abzuwarten, setzte sie mit reizendem Schmollen hinzu: „Eigentlich hätte ich Sie dafür heute ignoriren sollen, allein ich habe Sie zu sehr entbehrt, um so hart sein zu können!"

Dabei ruhte ihr Auge auf Bartone allein, der noch kein Wort geredet hatte, und sie, ohne mit der Wimper zu zucken, fest anblickte. So stolz und ruhig stand er da, nach dem ersten Farbenwechsel bei ihrem Erblicken, als sei sie ihm die allergleichgültigste Person auf dem Erdenrund. Und auch zu reden begann er nun in der gleichmüthigen, höflichen Art eines Bekannten:

„Fräulein Dubarron hätte den beiden größten Verehrern ihres Talentes solchen Kummer niemals bereiten können!"

Rosa biß sich, sichtlich geärgert über diese conventionelle Phrase, auf die Lippen und wandte sich dann, ohne ihm zu antworten, an mich, indem sie rasch einige Neuigkeiten mittheilte.

Nachdem wir so einige flüchtige Minuten conversirt hatten, bot sie mir die Rechte und sagte mit ihrem verführerischen Lächeln: „Adieu, lieber Marchese, besuchen Sie uns bald!" Und dann wandte sie sich, sich zu ihrer vollen Höhe aufrichtend, mit Stolz gegen Bartone, neigte das schöne Haupt äußerst wenig und sprach sehr gemessen: "Herr Bartone, ich habe die Ehre, mich Ihnen zu empfehlen!"

Wie trotzig, wie herausfordernd, wie kalt maßen sich wieder darauf die vier Menschen=Augen. Mir kam es vor, als prüften sie ihre Kraft —als kämpften sie um die Oberherrschaft. Bartone verbeugte sich tief vor ihr, ohne auch nur mit der Wimper zu zucken, und hielt ihren Blick aus, bis sie ihn, weiter schreitend, von ihm abwandte.

Wie gern hätte ich dem Freunde ein "Bravo!" zugerufen, denn ich bewunderte seine Selbstbeherrschung. Allein als wir weiter schritten, wurde sein Antlitz finster wie die Nacht, und ohne auf mich zu achten, der ruhig von allerlei Dingen plauderte, starrte er vor sich hin auf den Boden. Er mußte ihm sehr schwer geworden sein, sein erkünstelter Gleichmuth!

———

Bartone führte mich in den Salon. Er war leer, und der Freund ging, um Valerien von meinem Kommen zu unterrichten.

Als er zurückkehrte, war sein Antlitz, wenn möglich, noch finsterer wie zuvor, und unmuthig rief er mir entgegen:

"Um Gotteswillen, Paoli, nehmen Sie keine Frau! Das ist eine Weitläufigkeit um jede Bagatelle, die allen Comfort verscheucht! Ich versichere Sie, der Junggeselle ist tausendmal besser daran, als so ein armer Ehemann!"

Mein ernster Blick schnitt ihm fernere Klagen ab und dann erwiederte ich ihm mit Ueberzeugung:

"Ich zweifle doch allen Ernstes, Bartone, daß b e z a h l t e r Comfort süßer sei, als jener, den liebende Hände bereiten!"

"Immer derselbe unverbesserliche Schwärmer!" grollte er nur noch unmuthiger zurück. "Versuchen Sie es doch einmal, ob die Liebe ausreicht, Hunger und Durst zu stillen. Ich wenigstens habe erfahren, daß ein ungestillter Appetit jedes erhabene Gefühl, jede edle Regung ertödten kann, ja, daß nur eine gute Küche die Grund=Bedingung einer glücklichen Ehe ist.

Ehe ich antworten konnte, trat Valerie auf's Aeußerste echauffirt in's Zimmer und bat uns, nachdem sie mich willkommen geheißen, ihr zu folgen, da servirt sei. Ein ängstlicher Blick streifte dabei flüchtig ihren Gatten, der, spöttisch auflachend, rücksichtslos ausrief:

„So kommen Sie denn, edler Römer, und lernen Sie die lukullischen Tafelgenüsse eines einfachen Republikaners kennen!"

Im Speisezimmer saßen die zwei bildhübschen Kinder des Ehepaares schon harrend in ihren hohen Stühlchen am Tisch. Sie sind längst meine herzlichen Freunde geworden, nachdem ich unsere ersten Begegnungen stets mit einigen Düten Bonbons versüßte. Auch heute jubelten sie mir freudig entgegen, liebkoseten mich und wollten mich kaum frei geben, bis Bartone, dessen Züge noch immer umdüstert waren, unwirsch ausrief:

„So schweigt doch endlich mit Eurem Geschnatter, Ihr jungen Gänse, und lernt Euch Fremden gegenüber besser benehmen!"

Die Kinder verstummten eingeschüchtert und sahen nur scheu zu dem strengen Vater hinüber.

Es entstand darauf momentan eine etwas peinliche Pause, die Valerie mit den lächelnden Worten, welche aber trotzdem ihre sichtliche Befangenheit nicht verbargen, unterbrach:

„Heute müssen Sie mit einem traurig' einfachen Mahle vorlieb nehmen, lieber Marchese, das keine professionelle Köchin, sondern eine armselig unwissende Dilettantin bereitete!"

Wie?! meinte sie etwa, daß sie selbst sich herabgelassen, die Dienste einer Magd zu verrichten?—oder verstand ich sie nur nicht recht?

Mein fragender Blick zwang sie zu der scherzenden Antwort:

„Die leidige Dienstboten=Frage drängt sich eben überall sehr impertinent in den Vordergrund und beeinflußt alle alltäglichen Arrangements — —

Höhnisch lächelnd fiel ihr da ihr Gatte in die Rede:

„Bemühe Dich nicht unnütz, liebes Kind! Paol sieht das ohne weitläufige Erörterungen mit dem ersten Blick auf diese Tafel, deren Erzeugnisse ganz unleugbar von äußerst primitiver Natur sind! Wo ist der Wein?" setzte er scharf hinzu.

Frau Valeriens blasses Antlitz deckte eine verlegene Röthe, während sie bittend zu ihm hinüber blickte.

„Verzeihe, lieber Felix," sagte sie dann leise und erhob sich schnell. Eigenhändig nahm sie den Sauterne aus dem Wandschrank und stellte ihn neben Bartone, der ihr ironisch lächelnd mit den Blicken bei ihrem Thun folgte, und dann in einem Tone, der mir wahrhaft brutal in den Ohren tönte, spottete:

„Voilà, mon ami! wie man als Ehemann lebt!! Schwärmen Sie noch für die Ehe bei solchen Beafsteaks und dem anderen Potpourri? —bei solcher Bedienung?" Und Valerien, die immer ängstlicher zu dem bösgelaunten Manne aufsah, mit kränkendem Blicke messend, setzte er lächelnd hinzu:

„Zwar—vous voyez—an einer H e b e fehlt es nicht — — aber an allem Anderen!"

Mir kochte das Blut in den Adern bei dieser ganz schmählichen Scene. Ich fürchtete nur, daß Bartone sich förmlich nach einem Bruch mit mir, seinem unverlangten Mentor, sehne, um frei von meiner Controlle zu sein—und deshalb allein hielt ich an mich—that, als verstände ich ihn nicht und begann von anderen Sachen zu reden. Aber ich begriff nun erst ganz, wie es um diese Ehe stand, und Valerie, die mit dem Tacte der feinen Weltdame die Beleidigung des Gatten in Gegenwart des Fremden ignorirte, erschien mir vollständig wie eine Märtyrerin. Bartone, den das Begegnen mit der Schauspielerin ganz aus den Fugen gehoben zu haben schien, war gar nicht er selbst an diesem Tage, denn es lag sonst keineswegs Rohheit gegen das andere Geschlecht in seinem Charakter. Er commentirte unbarmherzig jede Schüssel, von der ich dann natürlich aus Rücksicht gegen Frau Valerien stets eine doppelte Portion verzehrte, was mir unfehlbar einen dankbaren Blick der sanften Augen eintrug.

Bei'm Dessert sagte er gegen mich gewendet:

„Ja, ja, Freund Paoli, da haben Sie den eclatanten Beleg für meine Warnung, heirathen Sie nie! Um den Comfort ist's dann gethan! Schlecht zubereitete Speisen für ein Heidengeld, schlechtere Bedienung und vor Allem schlechte Laune—das sind die prominenten

Arabesken häuslichen Glückes! Und das ist noch ganz erträglich, wenn Frauen-Migräne und Kinder-Geschrei nicht hinzukommen!— —"

Valerie, bis in's Unerträgliche gemartert, warf dem Grausamen einen Blick zu, wie ihn das zu Tode gehetzte Reh auf seinen Verfolger wirft,—allein er höhnte ruhig weiter:

„Ja, und bei solchen Zuständen wundert sich dann die Frau und die Welt noch, wenn man einmal seinen Hunger im Hotel stillt, oder im Theater zu vergessen sucht, wie ungemütlich es immer daheim ist!"

Jetzt bedeckte eine fahle Blässe Valeriens Antlitz, während ein zorniges Feuer in ihren Augen aufloderte. Leise, aber fest sagte sie, ihn vorwurfsvoll ansehend:

„Wenn man dort nicht neben dem Hunger und der Langeweile auch eben so erfolgreich Pflicht und Ehre vergäße, und nebenbei daheim reichlich jene Mittel hinterließe, welche all' den so bitter vermißten Comfort leicht erkaufen könnten,—so möchte diese öftere Abwesenheit des Gatten wohl kaum als das schwerste Unglück zu betrachten sein!"

Bartone richtete sich in seinem Sessel auf und starrte seine Frau geradezu überrascht an. Er schien seinen Ohren nicht zu trauen, denn an Widerstand war er so wenig bei dieser sanften Natur gewöhnt, daß er ihn jetzt vollständig überwältigte. Sekundenlang blieb er sprachlos, dann brach er in ein lautes, herzliches Lachen aus und rief:

„Valerie, Lieb! der Zorn kleidet Dich reizend—so reizend, daß ich Dir für heute alle Deine gastronomischen Sünden verzeihen muß! Ah! wären doch Deine Saucen ebenso pikant, wie Deine Entrüstung!!"

Und dann erhob er sich rasch und forderte mich auf, ihm in den Salon zu folgen!

Aus Valeriens Tagebuch, Ende Oktober.

Paoli war hier zu Tisch—heute, wo ich ohne jede Hülfe im Hause alle Arbeit allein zu verrichten mich gezwungen sah. Am Morgen reinigte ich die Zimmer, und indem ich das Fremden-Zimmer ordnete, wo Felix zuweilen schläft, wenn er spät heimkehrt und uns nicht wecken will, entdeckte ich ein zusammen geknittertes Papier, eine alte Rechnung, am Boden liegen—quittirt—für einen Rubinen=Schmuck. Erstaunt hielt ich das Blatt in den Händen—ein tolles Gewirre von Gedanken durchbrauste mein armes Hirn.—Da—ein Jubelruf entrang sich meiner Seele dabei! erinnerte ich mich plötzlich, daß ja heute mein Geburtstag sei! Mein Freund—mein Geliebter! Du denkst also doch an Deine arme kleine Frau, die Deine Liebe schon verloren wähnte!! Wie mir die ungewohnte Arbeit da von der Hand flog—wie ich laut singend selbst meine holden Kleinen durch meinen Frohmuth überraschte, bis sie jauchzend mit einfielen in meine Lieder! Wir verlebten glückliche Stunden, meine Kinder und ich, da unten in der Küche, wo ich, so gut ich es eben verstand, uns selbst die Mittags=Mahlzeit bereitete. Ich fühlte nicht die Hitze des Ofens, keine Ermüdung von der niederen Arbeit— —bis ich endlich Felix' Schritt über mir hörte und hinaufflog, ihn zu begrüßen. Ich schlang meinen Arm um seinen Hals und flüsterte glücklich:

„Mein guter, lieber Felix— — —

„Laß das jetzt, Kind!" sagte er kurz, indem er sich unsanft von mir befreite; „ich habe Paoli mitgebracht und ich hoffe, Deine Küche läßt nichts zu wünschen übrig, denn Du weißt, wie fein man stets im Palast Paoli speiste!"

Erschrocken fiel ich ein: „Aber, ich bin ohne Köchin, Felix, und was ich selbst bereitete — — —

„Das hol' der Teufel!" zürnte er unbarmherzig und fuhr dann heftig fort: „Es ist eine Heiden=Wirthschaft in diesem Hause, cara mia, das muß ich gestehen! Ewig Alles im derangirten Zustand—ewig ungemüthlich! Doch wie dem auch sei,"—setzte er mit düsterer Braue hinzu: „jetzt gilt es, Dich so gut wie möglich aus der Affaire zu ziehen! Eile Dich und komme dann in den Salon!"

Ohne freundlichen Blick, ohne Gruß oder Kuß zu meinem Feste, ging er davon. Wie anders war das früher! Duftige Blumen und zarte Gaben erwarteten mich schon, wenn ich aufstand,—o mein Gott, was habe ich nur gethan, daß Felix sich so gegen mich verändert hat?!

Bei Tisch war er geradezu grausam gegen mich und ich sah es, wie erstaunt und bestürzt der Marchese dies gewahrte, obschon er mit der ihm eigenen Welt=Gewandtheit natürlich nichts darüber äußerte. In Paoli's Gegenwart fühle ich mich sonst so sicher, so wohl—allein heute kam kein Gefühl des Behagens in meine Seele. Alles in mir war unharmonische Erregtheit—Sorge—Angst—Erwartung—kurz, ein Chaos von den verschiedensten Gemüths=Bewegungen.

Als Bartone mit dem Marchese das Eßzimmer verlassen hatte, nachdem er mich erst noch recht tief verletzt,—legte ich—enttäuscht, ge= quält wie ich war, mein müdes Haupt für einen Moment an den Lockenkopf meines Leo und stöhnte laut auf.

„Arme Mama!" flüsterte das Kind, mitleidig mit den Händchen über meinen Scheitel hinstreichelnd, als ob es mit dem, Kindern eige= nen Instinkt errathen hätte, was mich so sehr erschütterte; „ist der böse Papa einmal wieder recht hart mit Dir gewesen—Du süße—liebe—"

„Still—still! Kind!" gebot ich, erschrocken emporfahrend, und sagte dann tadelnden Tones:

„Du weißt doch, Leo, daß der Papa immer gut ist!"

„Nein—das weiß ich nicht!" trotzte der fünfjährige Kleine heftig. „Wenn er gut wäre, so weintest Du, liebe Mama, nicht so oft, und—

Ich schloß den vorwitzigen Kindermund mit heißen Küssen, und zwang mich dann, ruhig zu sein.

Nachher ging ich in den Salon und es that mir wohl, die reizende Art und Weise zu beobachten, mit der Paoli die Kinder an sich zu fesseln wußte. Felix war noch immer schlechter Laune und—ich in Er= wartung. Denn fast krampfhaft sehnte ich mich, ihm jene verzeihen zu können, in der Ueberraschung, die er mir so sinnig vorbereitete.

Allein die ersehnte Minute kam nicht, bis ich zuletzt, unfähig noch länger zu warten, ihn im Laufe des Gespräches daran erinnerte, daß heute mein Geburtstag sei!

„Wahrhaftig, Kleine!" rief er aufspringend aus, mit vieler Wärme, „das hatte ich vergessen!" Er zog mich an sich, küßte mich herzlich und befahl dann Paoli, der über dem Lärm der Kinder nichts gehört hatte, mir ebenfalls zu gratuliren. Von diesem Moment an bis zu jenem, wo er mit dem Marchese fortging, war er wieder der Felix früherer Tage;— aber trotzdem fand kein Geschenk den Weg von seiner zu meiner Hand!

Wie ist das nur? Kann man so etwas vergessen?—oder wartet er nur, bis wir später allein sein werden!

Abends spät.

Es ist fast Mitternacht und Felix auch selbst heute nicht zu Haus geblieben, oder früher heim gekommen!

Abends um 8 Uhr erhielt ich einen wunderschönen Blumenkorb von lauter Veilchen und weißen Rosen vom Marchese, der mir dabei noch einmal in kurzen, aber so lieben und herzlichen Worten Glück wünscht, daß ich weinen mußte.

Und nicht einmal e i n e Blume von Felix!!

Der Granaten=Schmuck??! Mein Gott! mir schießt eine glühende Blutwelle in die Schläfe,—mir pocht und hämmert es im Hirn—ich kann nicht denken — — aber aufschreien möchte ich in unsäglichem Schmerz,—aufschreien: „Nur das nicht!!"

Wenn er ihn einer A n d e r e n geschenkt!—einer Anderen, die ihn mir geraubt—die ihn so verwandelt hat— — —

O—wie elend bin ich!!

Sechstes Kapitel.

Lawinenartig reißt eine tolle Leidenschaft ihr Opfer bergab. Bartone war bald nur noch der Spielball jenes Weibes, das ihn beherrschte.

Kaum drei Tage nach der Begegnung mit Rosa Dubarron saß er wieder im Theater—tief versteckt hinter den Draperien der Loge zwar — —aber doch von ihrem Falken=Auge alsbald entdeckt. Als man sie nach dem ersten Act herausrief—verbeugte sie sich dreimal tief vor dem Publikum und warf bei'm letztenmal eine anmuthige Kußhand seitwärts nach jener Stelle, wo Bartone sie glühenden Blickes betrachtete. Die Masse, welche nur einen anmuthigen Dank ihres Beifalls in dieser Geste sah, jubelte ihr noch lauter zu, während Bartone die Bedeutung derselben allein richtig auffaßte.

Dunkle Röthe schoß über sein Antlitz hin,—er biß sich auf die Lippen. Dann murmelte er zornig, sich weiter in die Loge zurückziehend:

„Sie sucht mich zu compromittiren,—allein bei'm Zeus! es soll ihr das nicht gelingen!"

Er entfernte sich unmittelbar nach ihrem Wieder-Erscheinen auf der Bühne mit vieler Ostentation, so daß sie sein Fortgehen gewahren mußte. Sie lächelte malitiös, als sie ihm einen spöttischen Blick nachsandte, wie man etwa lächelt, wenn man ein gefangenes Vögelchen sich abmühen sieht, die harten Drahtstäbe zu durchbrechen,—sie war ja doch seiner sicher!

Und richtig!—zwei Tage nachher schritt er die Treppen zu ihrer Wohnung hinauf.

Er wurde nicht angenommen.

Noch zweimal wiederholte sich das elende Spiel. Statt entrüstet fortzubleiben, kam er dennoch wieder.

Als er zum vierten Male wiederkehrte, ließ man ihn endlich eintreten.

Rosa war allein. Sie stand vor dem hohen Spiegel und probirte allerlei verschiedene Blumen an, die sie, ein Liedchen trillernd, bald so, bald so in den dunklen Haarwellen versteckte.

Sie ließ sich nicht durch seinen Eintritt stören—sondern ihn, in den Spiegel blickend, mit lachenden Augen und leichtem Nicken des Hauptes begrüßend, schlang sie einen Zweig blutrother Fuchsien graziös durch die hohen Puffen, und sagte leichthin, als habe sie ihn noch vor einer halben Stunde gesehen, im gleichgültigen Tone:

„Ah, Monsieur Bartone—was wollen Sie schon wieder so früh am Morgen?—Sie wissen doch, da studire ich meine Rollen— —!"

Und leicht das holde Haupt hin und her wiegend, indem sie wohlgefällig noch immer ihr Spiegelbild betrachtete, tanzten die Blumenglocken auf der schneeweißen Stirn, und es war dem armen Manne, der sie berauscht anstaunte, als sängen sie ein wundersames, verwirrendes Lied von der Urgewalt des Schönen.

Er erwiederte ihr kein Wort—nur seine Augen redeten von ausgestandener Qual, von unnützen Kämpfen und schrankenloser Unterjochung—und sie lachte. Sie lachte überhaupt immer und ewig—ob es nun passend war oder nicht, als habe die Natur sie dafür geschaffen, in den schwellenden, feucht-rosigen Lippen und den neckischen Grübchen die Ausgelassenheit zu verkörpern.

„Rosa!" drang es endlich vorwurfsvoll über seine Lippen.

„Mademoiselle Dubarron, wenn ich bitten darf," äußerte sie scharf zurück und machte ihm, ohne sich umzuwenden, eine tiefe, förmliche Verbeugung, während sie ihn durch den Spiegel spöttisch mit den Blicken maß.

„Mademoiselle Dubarron denn,"—gab er gereizt zurück und trat ihr einige Schritte näher,—„Sie irren, ich war in zwei Wochen nicht in diesem Zimmer!"

„Zwei Wochen—ah! das ist in der That eine lange Zeit, mein Herr Consul! Ich meinte, vergeßlich wie ich bin, es sei erst gestern gewesen!"

Und sie gähnte gelangweilt, trat endlich vom Spiegel zurück, warf sich auf eine nahe Causeuse, und zielos die Zimmerdecke anstarrend, sagte sie gedehnt:

„Uebrigens — — wer kann dergleichen auch behalten? — — weiß ich doch kaum noch, daß eben auch der Marchese Paoli hier war. Er rieth mir dunkele Fuchsien an für meine Rolle—und ich glaube, er hat Recht! Sein feiner Geschmack trifft immer das Richtige,—sein — —

Bartone sah sehr wohl die plumpe Falle—und ging doch hinein. Geärgert unterbrach er sie:

„Ich meine, gelbe Rosen ständen Ihnen viel besser und wären überhaupt der Rolle angemessener!"

„Gelbe Rosen—pfui!" erwiederte sie verächtlich; wie kann ein Wesen mit gebildetem Farbensinn zu seegrüner Seide **gelbe** Rosen wählen?!! Gehen Sie, Bartone, Ihr Rath ist nichts werth;—es scheint Ihnen wahrhaftig daran zu liegen, mich zur Vogelscheuche zu machen!"

„Rosa!!!"

„Mademoiselle Dubarron! erinnern Sie sich gefälligst!" spottete sie zurück.

Zornig sprang er auf, griff nach seinem Hute, grüßte stumm und ging. Auf der Treppe noch hörte er ihr silbernes Auflachen, so heiter, so sorglos, so belustigt, daß er mit leisem Fluche fortstürmte, wie von Furien verfolgt.

Und Abends trug sie doch —gelbe Rosen!!

Zwar lagen sie in schwarz=sammetnen Rosetten und statt geschmack= los zu sein, waren sie sogar von origineller und keineswegs unschöner Wirkung,—aber gelbe Rosen waren es doch—und gelbe Rosen in Fülle! Im dunklen Lockenhaar, auf schneeigem Halse, an den Falbeln der seegrünen Robe, am silbernen Gürtel und in der fein=behand= schuhten Linken trug sie dieselben;—überall lachten sie dem Verlorenen entgegen, dessen heiße Blicke sie von der Loge aus umspannten, als wollte er sie zwingen, ihm in's dankende Auge zu sehen. Aber,—wie sie sich auch wandte und drehte,— —kein einziger Blick streifte jene Gegend! Sie ließ ihn dulden für die Concession, die sie ihm in ihrer meisterhaften Koquetterie gemacht hatte.

Paoli an Fiorelli.

Baltimore, im Februar.

Mein Freund!—Es drängt mich, mich auszusprechen. Der Ro= man, oder richtiger die Tragödie, in die handelnd einzugreifen, ich nur nach der neuen Welt gekommen zu sein scheine, erfüllt so gänzlich meine Seele, daß ich einen Theil ihrer stets wechselnden Empfindungen in Dein treues Freundesherz niederlegen möchte, um Raum für neue An= schauung und Beurtheilung zu erlangen.

Ich fürchte, der Stein, den das Verhängniß in's Rollen brachte geht mit rasender Geschwindigkeit bergab, und selbst alle meine An= strengungen, ihn aufzuhalten, sind nutzlos. Bartone, der Mensch mit den vulkanartig heftigen Empfindungen, dem guten Herzen und dem bösen Temperament, dem Wünschen und Wollen, die über Pflicht und Recht hinwegbrausen, wie der Orkan über die Erde—so gewaltig, so verheerend,—er liegt hülflos in den Fesseln seiner trunkenen Sinne. Und das Weib, Fiorelli! das seine dämonische, bis dahin von der reinen Liebe unterjochte Natur zum Vollbewußtsein ihrer zügellosen Leidenschaft geweckt hat — — ist so schön, trotzdem es böse ist wie die Sünde—daß ich Bartone mehr bemitleide, als verdamme. Denn obschon ich ihre ganze seichte, haltlose, eitele und niedrige Seele vollständig durchschaue, kann doch selbst ich mich nicht ganz frei machen von dem Zauber, den das üppige Venusbild auf mich ausübt, wenn es z. B. wie heute das dunkle Sammet=Auge plötzlich voll auf mich richtet, mir die weiche Hand reicht und zärtlich fragt: „Marchese—was that ich Ihnen, daß Sie mich so sehr hassen?"

Als sie mich unerwartet also anredete, flog mir plötzlich ein toller Gedanke durch's Hirn und ihn, ohne weiter zu sinnen, aussprechend, erwiederte ich sehr ernst:

„Sie fragen mich—nun wohl, ich will Ihnen antworten! Sie ketten einen Mann an sich, der einem anderen Wesen Treue geschworen hat, und machen dadurch einen **Engel** unglücklich und elend!"

Sie sah zuerst groß und überrascht zu mir auf und dann flog es wie Sturmgewölk über das eben noch lächelnde Antlitz. Ihre Augen nahmen die Dunkelheit der Nacht an, ihre Stirn zog sich unmuthig zusammen und zwischen den gepreßten Lippen hervor zischte es verachtungsvoll:

„Sie irren; ich **fessele** ihn nicht an mich—ich suche ihn nur zu **zertreten!!**"

„Und Sie bedenken dabei gar nicht, daß eine Unschuldige darunter schmerzlich leidet!"

Einen Augenblick schwieg sie gedankenvoll, und dann sagte sie herzlos und kalt:

„Was kümmert mich ein Weib, das ich nicht einmal kenne?! dessen Existenz **er** mir verheimlichte, als ich vertrauend die ersten Blüthen vom Baum des Lebens pflücken wollte? Falschheit und Lüge bot er mir statt Glück und Lust—eh bien!—revangiren wir uns, geben wir Dorn um Dorn zurück, bis— —"

Sie hielt inne, fuhr sich mit der feinen Hand hastig über die

Augen, als zerdrücke sie schnell eine Thräne, und wandte sich dann ab von mir und schritt erregt im kleinen Gemach auf und nieder.

Ich war gerührt wider Willen,—war sie doch ein Weib, und hatte sie doch Recht mit ihrem bitteren Vorwurf gegen Bartone.

„Fränlein Dubarron," sagte ich endlich weichen Tones: „die Rache mag Befriedigung geben—süß ist nur das Verzeihen. Wenn ich Ihnen sage, daß Frau Bartone ein sanftes, edles Weib ist, das hinwelkt wie eine sterbende Blume, weil sie fürchtet, die Liebe ihres Gatten verloren zu haben, und die unfehlbar unterginge, wenn diese Furcht zur Gewißheit würde,—fühlen Sie dann nicht etwas wie Erbarmen mit ihr — — —"

Sie lachte spöttisch.

„Marchese," unterbrach sie mich, indem sie dicht vor mir stehen blieb und mich mit so eigenthümlichem Blicke ansah, daß mir das Blut siedend heiß in die Schläfen stieg: „was kümmern uns andere Menschen? Habe ich Sie je gequält—Ihnen je wehe gethan?! Nein? Nun wohl, lassen wir die Anderen und sagen Sie mir, womit ich Ihnen einen Gefallen, eine Auszeichnung gewähren kann?!"—

Sie reichte mir dabei die Hand hin und indem ich sie halb berauscht von ihren bezaubernden Augen, die noch voll und fest auf mir ruhten, an die Lippen führte, flüsterte ich bittend:

„So seien Sie barmherzig und suchen Sie Bartone sich zu entfremden!"

Uebermüthig flammte es da auf wie ein Blitzstrahl in den dunklen Sternen, und dann sagte sie, mit dem Finger drohend, in reizender Anmuth, als verstehe Sie das Motiv meiner Worte gar nicht:

„Ah, Marchese—wer hätte das gedacht!—Sie sind eifersüchtig!"

———

Zwei Tage später.

Bartone war nicht im Theater seit einer Woche, und wie ich zufällig gestern von seiner Frau hörte, die mir viel heiterer und ruhiger erschien, auch stets Abends zu Hause.

Sollte Rosa Dubarron doch besser sein, als ich annahm? sollte mein ernstes Gespräch neulich wirklich Eindruck auf sie gemacht haben und sie ihn endlich selbst von seiner Infatuation zurückzubringen versuchen? O Gott—wie herrlich wäre das!

———

Ende Februar.

Ich war bei Bartone zu Tisch, und er in guter Laune. Frau Valerie ist nur sein Spiegelbild;—eine reine, edle Ruhe charakterisirte zum erstenmal, seit ich sie hier im Lande wiedersah, ihr Wesen wie einst, und sie erinnerte mich beständig an die Raphael'sche Madonna. Wie war es nur möglich, daß ein Mann, der unter dem beständigen Einfluß eines solchen Weibes steht—Irrlichtern nachjagen konnte?

Als wir uns nach dem Diner vom Speise-Zimmer in den Salon begeben hatten, sagte Bartone scherzend:

„Kommen Sie, Marchese, wir wollen im Billard-Zimmer eine Cigarre rauchen. Valerie ist genau wie alle Amerikanerinnen, eine Erzfeindin des Rauchens und nebenbei können wir, um den Abend passabel hinzubringen, dabei eine Parthie spielen!"

Ich hatte mich zu heiter und behaglich in Valeriens Nähe gefühlt, um dieselbe jetzt eines trivialen Genusses wegen zu opfern und sagte darum:

„Nicht doch, Freund!—ich ziehe vor, meine Cigarre den Haus-Penaten zum Opfer zu bringen, und lieber in Donna Valeria's Gesellschaft zu bleiben!"

Uebel-launig—denn er ist in der letzten Zeit wie April-Wetter wechselvoll, verzichtete auch er auf die gewohnte Erholung. Er schob zwar seinen Sessel, wie wir die unseren, dicht zum offenen Kamin-Feuer hin, nahm aber nicht Theil an unserer Unterhaltung. Er lehnte sich weit zurück, schloß die Lider wie in größter Müdigkeit oder Langeweile und gähnte öfter.

Valerie und ich hatten uns mittlerweile unbemerkt in ein animirtes Gespräch über allerlei abstracte Gegenstände, wie Vernunft und Philosophie, Glaube und Intoleranz, kurz, in ein interessantes Thema vertieft, das ihre blassen Züge mit dem sanften Roth seelischen und physischen Behagens überhauchte und mir Gelegenheit bot, diese feine, edle Frauen-Natur so recht zu ergründen. Rücksichtslos unterbrach uns da Bartone, gähnte laut, und fragte gelangweilt:

„Marchese, wie wollen wir den Abend verbringen?!"

Mich ärgerte diese Frage auf's Aeußerste, weil sie sans gene aussprach, daß ihn die Nähe seiner Frau ermüde, und ich erwiederte darum, mich mit einer Verbeugung an Valerie wendend:

„Natürlich nur in Ihrer Gesellschaft, meine Gnädige, das heißt, wenn Sie uns nicht fortschicken!"

Das Auge der vernachlässigten Frau leuchtete dankbar auf.

„Unsinn, Marchese!" rief Bartone ungeduldig aus: „Abwechselung ist die Würze des Lebens! Lassen Sie uns lieber in's Theater gehen!"

Der Glanz in Valeriens Auge erlosch schnell wieder.

„In's Theater? nicht doch," erwiederte ich gleichgültig, während ich Valerien scharf beobachtete, „es zieht mich nichts dahin. Höchstens würde es für mich Reiz haben, wenn Frau Bartone sich einmal entschließen könnte, uns zu begleiten!"

Bartone zerbiß seinen Schnurrbart und sagte nichts,—Valerie aber zum sichtbar höchsten Erstaunen ihres Gatten, äußerte rasch und fest zurück: „Wenn es auch Dir Recht ist, lieber Felix, so will ich gern mit Euch gehen, denn es gelüstet mich wirklich, einmal die so viel genannten Schwestern Dubarron zu sehen!"

„Du?! was fällt Dir denn ein, Kind? Ich kann Dich doch sonst nie bewegen, die Kleinen Abends zu verlassen!" fiel es hastig, fast erschrocken von ihres Mannes Lippen. Es war klar, so hatte er nicht gerechnet.

Sie hatte sein Erschrecken sehr wohl bemerkt!—ob es nun eine böse Ahnung in ihr bestätigte, oder blos Schmerz über seine ungalante Rede war—genug, ihre Lippen bebten, als sie leise, aber entschlossen zurückgab:

„Ich war so lange nicht mehr im Theater, daß ich wahre Sehnsucht habe, einmal ein gutes Schauspiel zu sehen— — —"

"Eh bien," äußerte er mit leisem, befreitem Aufathmen zurück: „so hast Du die beste Gelegenheit heute dazu; Charlotte Cushman gibt im Holliday Street Theater die ‚Meg Merriles', eine großartige Leistung!"

Aber sie schüttelte lächelnd das Haupt. Das Lächeln jedoch war bitter, scheu, bange. Es schien mir zu sagen: „Laßt mich—ich will endlich sehen—und Frieden holen, oder sehen— —und sterben."

Leise erwiederte sie: „Nein!— wenn ich wählen darf, so entscheide ich mich für das Ford'sche Opernhaus! Ich gehe, um schnell Toilette zu machen!" setzte sie sich umwendend hinzu, als sie sah, daß Bartone keinen Einspruch mehr erhob.

Kaum hatte sie aber das Zimmer verlassen, als dieser zornig aufsprang, die Zange, die er spielend in den Händen hielt, heftig auf den Boden schleuderte und zürnte:

„Weshalb haben Sie Valerie nicht zurückgehalten, Marchese? Sie konnten es— i ch nicht! Sie kennen doch die schrankenlose Unvorsichtigkeit Rosa Dubarron's und wissen auch, daß ein eifersüchtiges Auge leicht viel mehr sieht, als vorhanden ist. Mich dünkt, Ihr T a c t - Gefühl hätte mir diesen Freundschafts-Dienst nicht versagen sollen! Zudem" und seiner selbst nicht mehr mächtig in seinem Aerger, setzte er sarkastisch auflachend hinzu: „hätte das Ihrer hochverehrten Tugendheldin nur einen Schmerz ersparen können!"

So weit war dieser Mann schon gekommen—er höhnte der eigenen Gattin!

Auch ich hatte mich jetzt erhoben. Ich fühlte es, wie eine gewaltige Flamme der Entrüstung mir das Blut in die Stirne trieb. Vor ihn hintretend, umschloß ihn mein Blick mit der vollen Verachtung, die ich in diesem Moment für ihn empfand, und scharfen Tones sprach ich ohne Zögern:

„Wer nicht zu feige zum Unrecht ist, sollte auch nicht vor dessen Folgen bangen!"

„Marchese!" stieß nun, förmlich keuchend vor Wuth, Bartone hervor. Aber ehe er nur noch ein einziges Wort hinzufügen konnte,—öffnete sich die Thüre des Salons heftig und mit bestürztem, sehr erschrockenem Gesichte trat Valerie wieder über die Schwelle.

„Ich bin bestohlen, Felix!" rief sie, unsere feindselige Stellung gar nicht gewahrend, aus, und ich trat schnell einige Schritte von Bartone zurück, der sich verfärbte, auf die Lippen biß und seiner Frau entgegentrat. Sie bemerkte seine Aufregung bei der eigenen gar nicht, bemerkte nicht, wie schnell die fahle Bläſſe auf ſeiner Stirn einer dunklen Röthe wich und er ſich, wie ſich zu beruhigen beſtrebt, mehrmals haſtig über die Stirn ſtrich. Dann fragte er barſch:

„Nun ſo ſprich doch endlich!—was iſt denn eigentlich geſtohlen?— Iſt man etwa eingebrochen,—oder haben die Muſter-Dienſtboten des Hauſes das Silber entführt?"

„Gott bewahre!" erwiederte ſie, trotz der eben verrathenen Beſtürzung doch gezwungen zu lächeln im Gedanken an die Geringfügigkeit des Verluſtes; „der Werth der Steine iſt kein großer, und doch hing ich mehr an dieſem antiken Juwel, wie— — —"

Bartone wandte ſich brüsk von ihr ab und grollte:

„Bei'm Zeus!—Du ſtürzeſt herein, als ſei Dir wenigſtens ein Vermögen geſtohlen und tant du bruit pour une omelette!—es iſt doch nur eine Kleinigkeit,—ein— —doch w a s iſt es denn eigentlich?" ſetzte er kühl, einen Spaziergang im Zimmer antretend, hinzu.

„Als ich eben mein Schmuckkäſtchen hervorholte, um Einiges daraus anzulegen," erwiederte ſie, verwirrt von ſeinem Tadel, mit forcirt ruhiger Stimme: „entdeckte ich, daß darin jenes eigenthümliche Armband fehlte, welches, ein altes Familienſtück, von Generation auf Generation vererbt, mit der Sage auf mich kam, daß Derjenige, der ſich von ihm trenne, das Glück des Hauſes opfere."

„Ah, jenes kleine Meiſterwerk!" rief ich, mich nun auch genau desſelben erinnernd, aus: „das ich früher ſo oft bewunderte, jene Schlange von Rubinen, die eine Brillant-Taube mit dem Schweif umringelte und die fein ciſelirt auf der Innenſeite die Deviſe trug: 'Qui perd, pêche!'"

„Daſſelbe, Marcheſe!" beſtätigte Valerie: „Man ſagte mir auch, daß noch irgendwo in der Welt ſein Gegenſtück exiſtire, und wem es gelänge, Beide wieder an Einer Perſon zu vereinen, der feſſele das Glück für immer an ſein Leben!"

Ein höhniſches Auflachen Bartone's machte uns in dieſem Moment Beide ſtutzig.

„Albernes Zeug!" ſpottete er, die Achſeln zuckend, „es wundert mich wahrhaftig, Frau, daß Du Dich nicht schämst, dergleichen dumme Ammen=Märchen ruhig zu wiederholen! Was ist sonst noch gestohlen?"

„Weiter nichts, Felix!" erwiederte sie ihm eingeschüchtert, „lieber jedoch hätte ich alle meine Schmucksachen verloren, als dieses— —"

„Das wäre eben so thöricht und sinnlos gewesen, wie Dein Aberglauben," unterbrach er sie mit wegwerfendem Tone. „Eines Deiner Mädchen wird es annectirt haben, wahrscheinlich denkend, daß dies altmodische Ding ja doch nicht viel werth sein könne!"

„Aber ich begreife nicht, wie man bei meiner Schatulle— —"

„Ich aber," versetzte er sarkastisch, „begreife nicht, wie man so viel Aufhebens von einer Bagatelle machen kann!" Die Sache schien den Mann wunderbar wenig anzufechten.

Ich fand es sehr natürlich, daß Valerie anscheinend sich gar nicht in diesen Gleichmuth ihres Mannes zu finden vermochte—denn auch ich begriff denselben nicht. Und darum sagte ich bedenklich zu Bartone:

„Mich dünkt das trotzdem doch eine sehr unangenehme Affaire! Neben dem Verlust des Kleinods scheint schon die Thatsache erwägenswerth, daß hier nur ein Dieb, der genau mit den Verhältnissen des Hauses bekannt ist, die That begehen konnte!! Sie werden am Besten thun, meine Gnädige, wenn Sie die Sache in die Hände eines Geheim=Polizisten legen," wandte ich mich darauf an die noch immer rathlos dastehende Dame.

Bartone, mit gerunzelter Stirne, spöttisch verzogenen Lippen und verächtlichem Schütteln des Kopfes, blieb mitten in seinem Spaziergange stehen bei diesen Worten und stieß gereizt hervor, gegen mich gewendet:

„Unsinn!! Glauben Sie etwa, daß ich um solcher Kleinigkeit willen den Spürhunden der Polizei unser Privatleben bloszulegen gesonnen bin?!—daß ich diesen Newfoundländern der Gerechtigkeit erlauben würde, jeden Winkel meiner Wohnung zu durchschnüffeln? Pas du tout, monsieur! Meine Frau wird ohnehin wahrscheinlich selbst das Ding verloren oder verlegt haben, und wenn sie vorsichtiger gewesen wäre mit dem Verschließen ihrer Pretiosen, so würde sie sich damit dieses unangenehme Vorkommniß wahrscheinlich erspart haben.

Und mit schnellen Schritten setzte er seine Promenade wieder fort. Schüchtern fragte die also gemaßregelte Frau:

„Aber, was soll ich denn in der Sache thun, Felix?"

„Vor der Hand eben gar nichts! Gehe statt dessen und beeile Deine Toilette"—und er zog die Uhr hervor, die er ihr hinhielt: „sieh! es ist schon acht Uhr fast—wir verlieren nur die Zeit, während wir diese Angelegenheit später eben so gut erörtern können!!"

Sonderbar!—jetzt drängte er zum Theater. Nachdem Valerie das Zimmer wieder verlassen, glaubte ich natürlich, Bartone werde nun das vorhin so plötzlich unterbrochene Gespräch sofort wieder aufnehmen. Ich nahm mir vor, ihn dabei nicht zu schonen, sondern ihm klar sein früheres sündiges Thun vorzuhalten, um ihn endlich zur vollen Besinnung zu bringen. Allein nichts derart geschah.

Bartone ging gedanken-verloren auf und nieder im Zimmer, bis Valerie zurückkam, ohne mich weiter zu beachten. Nicht ungern verschob auch ich darauf meine selbstgewählte Mission auf bessere Zeiten.

Wenige Minuten nachher saßen wir im Wagen und fuhren—wahrscheinlich alle Drei mit schwerem Herzen—zum Theater.

———

Coming events cast their shadows before.

Mit eigenthümlichem Widerwillen betrat ich die Loge hinter Valerie. War es das unbehagliche Gefühl allein, das reine Weib an jener Stelle zu sehen, von der so oft die unbeherrschte Leidenschaft nach der schönen Sünde geschaut?— — war es jene ahnungsfähige Nervosität meiner Natur, die ich schon so oft verwünscht hatte—weil ich gezwungen ward, an sie zu glauben?

Mein ängstlicher Blick streifte zagend Valerie. Dann aber blieb er entzückt, bezaubert an ihr haften. Das feine Antlitz war merkwürdig blaß und doch seelisch belebt—ihr blaues Auge war blauer, ihr Goldhaar goldiger mit den weißen Rosen darin, die kaum weißer waren wie ihr Teint; sie sah aus wie eine Galathea, die aus Stein zum Leben erwacht. Träumerisch, befremdet, fragend schweifte ihr Blick umher—ziellos zuerst— — und dann?

Sie erschauerte sichtlich.

„Sind Sie nicht wohl, verehrte Frau?" fragte ich leise und besorgt.

Sie zog zuerst den weißen Opern=Mantel enger um die Schultern und erwiederte dann tonlos: „Mich friert plötzlich sehr!" und sah sich dabei scheu und fragend nach ihrem Gatten um, der sich im Hinter= grunde der Loge mit den Mänteln zu schaffen machte. Er bemerkte es nicht. Seit wir das Theater betreten hatten, war sein einziges Be= streben gewesen, nicht gesehen zu werden. Ich wußte warum, und half ihm dabei, indem ich mich neben Valerien in den Vordergrund nächst der Bühne setzte.

Bis zu diesem Moment hatte sie noch keinen vollen Blick auf die Bühne geworfen. Es schien, als fürchte sie sich förmlich davor, und so ließ sie wieder und wieder das Auge über den Zuschauer=Raum hin= schweifen. Endlich hob sie die halbgesenkte Lider plötzlich und richtete ihre ganze Sehkraft auf die Handlung. Ueberraschung, naives Stau= nen malte sich in ihren Zügen, als sie vor sich ein Wesen im Costüm des 17. Jahrhunderts sah, so anmuthig, so lieblich, so echt weiblich, daß sie mir im Impulse des Momentes zuflüsterte:

„Wie ist es nur möglich, Marchese, daß man von diesem reizenden, zarten Wesen so viel Böses denkt und spricht?"

„Wer dachte—wer sprach?" fragte ich schnell zurück.

Keine Antwort—aber ein Blick, der mir bewies, daß s i e mehr wußte, ahnte, errieth, wie ich geglaubt hatte.

Wie neue Hoffnung überstrahlte es das blasse Frauen=Antlitz an meiner Seite für einen Moment, dann flog wieder ein banger Zweifel darüber hin.

„Das ist doch die vielgenannte Rosa Dubarron, Marchese?" fragte sie hastig.

„Nein—dies ist die jüngere Schwester!"

Ein leises Aufseufzen, und Valerie lehnte sich weit in ihren Sessel zurück und schloß die Augen.

Ich litt mit ihr. Der Instinkt der Frau hatte ihr bei Blanche Dubarron's Anblick sofort verrathen, daß sie von dieser guten Seele nichts zu fürchten habe, und befreit hatte ihr Herz für einen Moment die harte Last der Angst abgeschüttelt— —um sie im nächsten nur desto muthloser wieder aufzunehmen.

Ein nun plötzlich ausbrechender rasender Beifallssturm des Publikums riß sie aus ihrer Versunkenheit schnell wieder auf.

Sie blickte scheu auf die Bühne—und vor ihr stand ein dämonisch schönes, üppiges Geschöpf, dem vollbewußte Reife, glühende Lebenslust und sinnliches Sehnen aus jeder Bewegung der blühenden Gestalt, dem Uebermuth, kühnes Begehren und heißes Empfinden aus jeder Linie des lebevollen, rosigen Antlitzes brach.

Valerien wurde es kühl bis an's Herz hinan. Dann war ihr, als müsse sie ersticken, denn ihre zitternde Hand löste die Schnalle des Opern-Mantels und sie rang nach Athem. Sie wandte sich halb und warf einen prüfenden Blick auf ihren Gatten.

Anscheinend ruhig und kalt stand er hinter ihr, das Gesicht so unbeweglich, als sei es aus Erz. Mehr wie je machte er den Eindruck eines Imperators. Das prüfende Auge Valeriens flammte bei seinem Anblick auf, und es war mir, als dächte sie stolz: „Bei'm Himmel, dieser Mann ist es wohl werth, daß man um ihn kämpft." Es lag auch sogar etwas Herausforderndes in ihrer plötzlichen Wendung der Bühne zu, als fühle sie sich nun auch stark genug, den Kampf sofort aufzunehmen.

Da erstarrten die Züge jedoch plötzlich, das Auge versteinte so zu sagen, und es war mir, als hauchten ihre Lippen tödtlich erschrocken: „Rubinen!" Ich begriff sie nicht sofort—blickte auf die Schauspielerin hin und sah dann allerdings, daß diese einen Schmuck von Rubinen trug, der aber so gewöhnlich in der Form war, daß er doch unmöglich die Ursache von Valeriens plötzlich verwandeltem Antlitz sein konnte.

Erstaunt blickte ich darum von der blassen Frau an meiner Seite zu ihrem Gatten empor, um Auskunft zu erlangen.

Im selben Moment stieß Dieser einen leisen Fluch aus—und um die Götterruhe von vorhin war es gänzlich gethan. Sein Auge blitzte zornig—eine Blutwelle schoß dunkel über die gelbliche Marmorfarbe seines Teints hin und weltvergessen stampfte sein Fuß leicht den Boden.

Es war ein Moment unbeherrschbaren Zornes. Ich sah, wie seine Lippen leise fluchten: „das elende Weib!", wie er sich dicht zu der, von anderen Empfindungen beherrschten und deshalb seine Aufregung nicht gewahrenden Valerie niederbeugte, und hörte, wie er mit rauher Stimme sprach:

„Valerie—ich muß Dich für die nächsten zehn Minuten dem Schutze des Marchese allein überlassen! Solltest Du mittlerweile geneigt sein, mich zu verurtheilen, so denke daran, daß der Schein oftmals trügt!"

Nach diesen sonderbaren Worten verließ er schnell die Loge. Sie sah ihm überrascht nach—ich aber warf einen prüfenden, scharfen Blick auf die Bühne, um die Ursache des eigenthümlichen Benehmens zu enträthseln. Bei Gott—ich gewahrte sie nur zu klar! Schnell entschlossen jedoch, à tout prix, sie wo möglich Valerien verborgen zu halten, schob ich mit leichtem Ruck auch schon im selben Moment meinen Stuhl so, daß ich ihr fast die ganze Aussicht auf die Bühne abschnitt. Und als sie sich wieder wandte, nachdem die Logenthür hinter Bartone in's Schloß gefallen war, bemühte ich mich mit Lebhaftigkeit, ihre Aufmerksamkeit auf verschiedene Personen im Parquet zu lenken. Für einen Moment gelang mir das—jedoch ich muß wohl unwillkührlich unter dem Druck der Umstände eine zu große Beflissenheit an den Tag gelegt haben, denn plötzlich stutzte sie, blickte mich mißtrauisch an und fragte scharf:

„Was bedeutet dies Alles, Marchese?"

Ich blieb stumm.

Stolz und Würde lagerten sich auf ihre Züge und es war, als glaube sie, man hielte sie wohl für so schwach, daß sie den Anblick eines Wesens nicht ertragen könne, von dem das "on dit" der Gesellschaft munkelte, daß ihr Gatte es bewundere. O nein! Dies von Valerie Bartone zu glauben, von ihr, die ihr gutes Recht stählte gegenüber einem Weibe, das, wie gefährlich und schön es auch immer sei, doch nur auf der Seite sündiger Ansprüche stand,—das verbot ihr ihre weibliche Würde, ihr Stolz gewiß. Mit Hoheit sagte sie:

„Ich bitte, Marchese, lehnen Sie sich etwas weiter zurück—Sie verbergen mir Mademoiselle Dubarron gänzlich— —und mich interessirt diese Dame besonders!"

Meine Kriegslist war vergebens! Ich mußte gehorchen.

Kalt und vornehm blickte sie dann auf die Schauspielerin nieder und abschätzend maß ihr Auge die ganze Erscheinung derselben.

Was nun folgen mußte—kam schnell. Ihre Pupille erweiterte sich urplötzlich—ihr Auge schien aus der Höhle treten zu wollen, und sie lehnte sich weit vor über die Brüstung der Loge, um besser, genauer sehen zu können. Und dann— —sank das blonde Frauenhaupt langsam zurück und fiel wie gebrochen an die rothe Sammetlehne des Fauteuils. Sie hatte genug gesehen—in der That!

Am Arme der Schauspielerin hing das vermißte Armband!

―――

„Führen Sie mich fort, Marchese!" flüsterten unheimlich tonlos die aschfarbenen Lippen, „mir ist so unwohl!"—Und dabei erhob sie sich schwankend und griff nach meinem Arm, den ich ihr schnell zur Stütze bot.

Welten hätte ich in diesem Moment darum gegeben, wenn ihr die empörende Entdeckung erspart gewesen wäre. Seit ich sie selber mit vor Entrüstung überwallendem Herzen gemacht hatte, bestrebte ich mich nutzlos, ihre Aufmerksamkeit so lange abzulenken, bis es, wie ich ahnte, daß Bartone es zu versuchen gegangen war, ihm gelungen sein würde, die Dubarron nach Abschluß ihrer Scene hinter den Coulissen zu veranlassen, das verhängnißvolle Armband abzustreifen. Umsonst!

Und gerade als hohnlachte meiner ein böser Dämon, so gewahrte ich, nachdem ich hastig Valerien Mantel und Schleier umgelegt, bei dem letzten Blick nach der Bühne, ehe ich mit der schwankenden Frau das Theater verließ—daß die Schauspielerin nach momentanen Verschwinden hinter den Coulissen— —wieder erschien o h n e das verfluchte Geschmeide!!

Als ich mit der tödtlich beleidigten Frau im Wagen ihrem verödeten Heim zurollte, hatte ich Gelegenheit, ihre heroische Fassung mir gegenüber zu bewundern! Kein Wort, keine Sylbe der Anklage gegen den Treulosen kam über ihre Lippen – und ob ich auch hörte, wie sie ein convulsivisches Aufschluchzen gewaltsam niederzwang, ob ich auch fühlte, wie ihre ganze Gestalt zitterte und bebte,—ihre Lippen äußerten doch nur gleichgültige Worte über die unverantwortliche Schwäche ihres Nervensystems, das ihr oft mitten im Vergnügen böse Streiche spiele, und dergleichen mehr.

Bei'm Abschied an der Thüre ihres Hauses reichte sie mir, als habe sie im Wagen doch endlich alle seelische Kraft erschöpft, stumm die Hand. Ich wagte sie kaum, mit ehrfurchtsvollen Schauern—an meine sündigen Lippen zu führen, diese Hand der frommen Martyrerin moderner Elasticität des Sitten-Codexes,—und meine Seele sprach dann bitter grollend ihr Anathem aus über ihren Gatten!—

Die Entscheidung naht!—Wie soll das nur enden?—in einem Eden für die Sündigen—in einer Hölle für die Gerechte etwa? O Gott— wo ist Deine Hand?!

Siebentes Kapitel.

Am folgenden Tage war es Felix Bartone, der im Eßzimmer Morgens seine Gattin erwartete.

Endlich kam sie, blaß wie eine Lilie, an jeder Hand eines ihrer Kinder führend. Er sah es sofort—sie wollte einer Erklärung seinerseits ausweichen— —allein dem selbstwilligen, störrischen Kopfe des Mannes paßte das nicht. Er fühlte sich nicht so schuldig, wie sie ihn hielt, und er sah keinen Grund, sich ungehört verdammen zu lassen.

„Valerie," hob er bittend an, „sende die Kinder fort, ich habe mit Dir allein zu reden!"

Zum erstenmal heute sah sie ihn an; kein Vorwurf, keine Verachtung, kein Trotz lag in ihrem Blick—nur ruhige Entschlossenheit, abwehrender Stolz.

„Ich wünsche nichts zu erfahren, keine Erklärung zu empfangen, die unsere Kinder nicht anhören könnten, ohne über ihre Eltern vor Scham zu erröthen!" sagte sie kalt, und machte sich dann mit ruhiger Hand am Frühstückstisch zu schaffen.

Er schlug den Blick nieder, während doch der Zorn über ihre Zurückweisung schon die Adern seiner Stirn anschwoll. Dann sagte er weich:

„Valerie, ich schwöre Dir— — —

Ihr vernichtender Blick unterbrach ihn—sie wollte keine Schwüre von den Lippen, die ihr die Eide treulos gebrochen.

Er biß sich auf die Lippen, zernagte geärgert seinen Bart mit den Zähnen, ehe er noch einmal zu reden begann. Diesesmal war seine Stimme nicht weich mehr, nicht bittend,—sondern hart und drohend:

„Ich wiederhole Dir noch einmal, Valerie, daß ich bereit bin, mich zu rechtfertigen— —"

Mit einem ihr sonst vollständig fremden, herben Tone unterbrach sie ihn und ihre sanften Augen verdunkelten Thränen verletzten Stolzes:

„Es gibt keine Rechtfertigung angesichts kalter Thatsachen, und die einzige Rücksicht, die ich noch verlange, ist, daß man mich nicht zwingt, über sie zu reden!"

„Nun gut," fuhr er heftig auf, „Du hast es gewollt, Valerie!" und ohne Gruß, ohne Frühstück verließ er das Zimmer und das Haus.

Und währenddem lag das arme Weib da, eng' das dunkele Lockenköpfchen ihres Kindes an sich gedrückt, und weinte, als wolle ihr das Herz brechen.

———

Und doch war diesesmal Bartone wirklich nicht so schuldig, wie seine Frau und der Marchese di Paoli es glaubten.

Als er vor ungefähr acht bis zehn Tagen zu der Schauspielerin gekommen war, die seine unruhige Natur genau so zu behandeln wußte, wie sie, um unterjocht zu werden, behandelt sein mußte,—hatte er sie wieder, wie schon so oft, in der Betrachtung eines eben erhaltenen Geschenkes gefunden. Ohne einen näheren Blick darauf zu werfen, sagte er, geärgert darüber, daß sie ihn so ganz en canaille behandelte und seine Gegenwart gänzlich ignorirte, böslaunig:

„Eine kostbare Perlenschnur wiegt doch einem eitlen Weibe ein ganzes geopfertes Leben auf!!"

Sie lachte spöttisch und maß ihn von oben bis unten verächtlich. Dann hielt sie ein Armband hoch empor und rief lustig:

„K o st b a r ist es nun eben nicht, das Opfer neuster Männer-Tollheit—aber es ist eigentlich mehr, es ist unique,—es ist z. B. etwas, was Sie, theurer Freund, mir nie hätten geben können!"

Neugierig gemacht wider Willen, sah er auf.

„Das ist wirklich höchst sonderbar!" rief er im selben Moment sehr überrascht aus: „Von wem haben Sie das Kleinod erhalten?"

Er hatte in der Hand Rosa's ganz genau das Ebenbild von dem Armband seiner Frau gesehen.

„Staats Geheimniß, Bester!" erwiederte sie launig und reichte es ihm hin, da er hastig die Hand danach ausstreckte, um es genauer zu prüfen.

„Wahrhaftig, es ist ganz dasselbe!" murmelte er, und blitzschnell fuhr ihm der Gedanke durch den Kopf, es der Schauspielerin abzuschmeicheln, um Valerien damit eine Freude zu machen. Er wußte ja, wie gern sie der alten Sage wegen beide Spangen besessen hätte, und das Gefühl des Unrechtes, das er gegen die Arme beging, zwang ihn, ihr diese Freude als kleine Sühne zu bieten.

Die Dubarron beobachtete ihn trotz ihrer halb niedergesenkten Wimper scharf und fragte dann lauernd:

„Warum sehen Sie sich das Ding denn eigentlich so genau an—sind Sie Alterthums-Forscher?"

„Pas du tout! Aber meine Frau besitzt ganz dasselbe und sehnt sich sehr, das Pendant zu dem ihren aufzufinden und an sich zu bringen!" gab er unbedacht zurück.

„So—so?!—Ihre Frau also, mon ami?" höhnte die Dame: „und da Ihre Frau es wünscht—so muß es mir, der Freundin feil sein, denken Sie? Und wahrhaftig!—was liegt mir denn auch viel daran. Ich werde so ein altmodisches Meuble jederzeit für eine Brillanten-Spange gerne vertauschen. Doch à propos—warum will denn eigentlich Ihre Frau zwei solcher antiken Häßlichkeiten besitzen?"

Achselzuckend, als bemitleide er Valerien wegen ihrer kindischen Abergläubigkeit, sagte er leichthin:

„Es knüpft sich, glaube ich, irgend ein Ammen=Märchen, eine dumme Sage an das Armband!"

„Eine Sage?! O, das ist ja romantisch, das ist reizend!" rief spöttisch die Tochter moderner Aufklärung aus: „schnell, Bartone, erzählen Sie mir diese Sage!"

„Es verlohnt sich nicht der Mühe, sie ist wahrhaftig nicht interessant!"

„Ah! Sie wollen nicht, cher ami! tres bien, so will denn auch ich nicht mehr, was ich eben wollte, Ihnen diese Spange nämlich für eine andere überlassen!" sagte sie schmollend und nahm ihm dieselbe heftig aus der Hand.

„Und wenn ich Ihnen diese dumme Geschichte erzähle, schöne Rosa, wollen Sie mir dann auch wirklich und gewiß das Kleinod überlassen?" fragte er dringend.

„Erst die Geschichte!" gab sie ausweichend zurück.

Und rasch theilte er ihr die Mythe mit, die sich nach Valeriens Ansicht an dieses Band knüpfte. Die Schauspielerin hörte ihm aufmerksam zu, während es in ihren Augen zu funkeln und boshaft zu leuchten begann, und um ihre Lippen sich ein sehr zweideutiges Lächeln legte.

„Und beide Armbänder an Einer Person, sollen Dieser das Glück bringen?" rief sie skeptischen Tones aus.

„So sagt die Mythe der Spinnstube! Von mir werden Sie doch kein derartiges Glaubens-Bekenntniß fordern, schöne Rosa!" erwiederte er lachend.

„Ist Ihre— —Frau sehr abergläubisch?" fragte sie lauernd zurück, während ihr Blick etwas Schlangenhaftes annahm.

Er zuckte die Achseln und erwiederte gleichgültigen Tones: „Nicht mehr und nicht minder, wie andere Weiber auch!"

„Aber es liegt ihr sehr viel daran, auch diese Spange zu besitzen?"

„So viel, wie jeder schönen Frau daran liegt, ihre Capricen zu befriedigen!" erwiederte er sarkastisch.

Wie es dämonisch da aufzuckte in den schönen Zügen—wie es ironisch zitterte aus dem Ton ihrer Antwort:

„Eh bien, mon ami, ich bin nicht von Stein;—Sie sollen im Stande sein, als vortrefflicher Ehemann, Ihrer Frau ihren Herzenswunsch zu erfüllen!"

Trotz des Sarkasmus, trotz des Hohnes, küßte er dankbar die weiche, kleine Hand, welche ihm das Gewünschte freundlich darreichte.

Schon lag das Kleinod halb in seiner Hand—da zog sie es mit einer hastigen Geberde wieder zurück.

„Nein! zuerst müssen Sie mir das andere Armband bringen, damit ich es vergleiche; vielleicht ist es gar nicht das echte Seitenstück!" rief sie, wie im aufsteigenden Zweifel aus.

„Das können Sie mir auf mein Ehrenwort schon glauben!!"

„Ich glaube nie, mein Herr, ohne überzeugt zu sein!"

Achselzuckend erwiederte er ruhig: „Nun, so sollen Sie denn zuerst Ihren Willen haben, Sie Nachfolgerin des Thomas!!"

Und am nächsten Tage schon brachte er ihr die Spange seiner Frau, ohne diese erst gefragt zu haben, da er sie mit dem Geschenk überraschen wollte. Als er sie Mademoiselle Dubarron überreichte, spottete er:

„Sie sehen, ich irre mich nie, schöne Rosa!"

„Niemals, Herr Bartone?" neckte sie zurück, „ah, das zwingt mich fast, Sie noch heute von der Unwahrheit dieser Behauptung zu überzeugen!"

Dann verließ sie das Zimmer mit den Worten: „Ich werde es jetzt genau mit dem anderen vergleichen, mon ami!"

Nach wenigen Minuten kehrte sie zurück und sagte sehr befriedigt: „Genau dasselbe! Sie haben viel Scharfblick, mein Freund!" und dann lachte sie ausgelassen, warf sich auf die Causeuse, sah ihn spöttisch an und sagte feierlich:

„Ich danke Ihnen!"

„Was soll das heißen, holde Sphinx—ich verstehe Sie nicht!"

„Nun dafür, daß Sie mir das Glück gebracht haben, caro mio —und dafür, daß Sie mir so schnell die Gelegenheit boten, Ihnen Ihre ‚Irrthümer' zu zeigen! Wahrhaftig, Bartone—Sie sind von einer ganz entzückenden Frische der Auffassung!!"

Und sie lachte, bis ihr die Thränen über die Wangen liefen.

Er wurde böse und zornig sagte er:

„Lassen Sie Ihre Kindereien, Mademoiselle. Ich weiß sie nicht zu würdigen!"

„Tant pis! Sonst hätten wir über Ihre Dummheit zusammen lachen können;—oder meinen Sie denn wirklich, ich sei so fromm, Ihnen die Spangen wieder herauszugeben?"

Er verstand sie jetzt,—und ganz außer sich über diese Unverfrorenheit, forderte er heftig:

„Geben Sie mir das Armband zurück, diesen Augenblick!—Sie wissen ja, daß es nicht mir gehört!"— —und als sie doch ihr spöttisches Lachen noch immer anhielt, setzte er zornlodernd hinzu:

„Auf der Stelle! hören Sie—oder wollen Sie etwa, daß ich Sie als Diebin denuncire?!"

Sie hörte nun auf zu lachen und sprang auf. Furchtlos trat sie dicht zu ihm hin, blickte ihm triumphirend in's zornig sprühende Auge und sagte ruhig:

„Warum nicht? Lassen Sie mich verhaften, thun Sie, was Ihnen behagt, mein Herr Consul! Fluchen Sie meinetwegen auch,—rasen Sie immerhin! — aber das Armband bleibt dennoch in m e i n e m Besitz!"

Ihre berauschende Nähe besänftigte seinen Zorn sofort, er streckte kühn seine Hände nach den ihren aus, fesselte sie, und blickte ihr so tief in die übermüthigen Augen:

„Rosa—ich b i t t e darum!" flehte er weich und innig.

Gefangen wie sie war, wiegte sie sich tändelnd von einem Fuß auf dem anderen und schüttelte verneinend, aber lachend das Haupt.

„Morden Sie mich meinetwegen, mein Orlando Furioso," scherzte sie, und Augen, Mund und Grübchen lachten ihn an, als ob sie ihn toll machen wollten; „aber Ihren Willen haben, sollen Sie doch nicht!"

Er stieß sie nun unsanft von sich:

„Gut!—ehe ich nicht wieder in dem Besitz jener Spange bin, setze ich keinen Fuß wieder in Ihr Haus, Mademoiselle!"

Dann ging er ohne Gruß—und hielt sein Wort während langer, langer zehn Tage, während Valerie glücklich war, weil sie ihn von Neuem an sich gefesselt wähnte,—bis endlich der Fluch der bösen That sich erfüllte, indem sie ihre unvermeidlichen F o l g e n gebar und jene Katastrophe im Opernhaus herbeiführte.

Paoli an Fiorelli.

Anfang März.

Mein Freund!—Mir schwindelt—ich fühle so wirr, so unzurechnungsfähig, so total erschöpft von den widerstreitenden Empfindungen, den unbeherrschbaren, verwickelten Verhältnissen um mich—daß ich am liebsten ganz aufhörte zu denken. Aber das Denken ist ja der Fluch des Menschen, eben so sehr wie es seine Erlösung ist,—je nachdem! Es raubt ihm die Ruhe des Genusses, die Milde des Urtheils, die Fähigkeit des Abwartens, und wie ein Spielball treibt es sich im Wirbel der Charybdis der Ereignisse umher, zu kraftlos, dieselben zu beherrschen— zu lebendig, um in ihm unterzugehen. Spotte meiner nicht, mein Freund, daß ich, der ich noch vor wenigen Wochen einem schwachen Weibe sagte, daß sie die Verhältnisse beherrschen müsse, nun selbst zum Schwächling geworden bin, der nicht weiß, wie er handeln muß.

Doch, zur chronologischen Reihenfolge des Geschehenen!

Nach jener Scene im Theater wich Bartone mir geflissentlich und geschickt aus, und da seine edle Frau auch dem Kummer ihrer Ehe keinen anderen Ausdruck leiht, als daß sie nur durchgeistigter und blasser wird,—so weiß ich nicht, ob—und zu welcher Erklärung es zwischen den Gatten gekommen ist.

Gewiß ist nur, daß die Dubarron noch immer Valeriens Armband besitzt und es sogar seit jenem Abend mit sichtlicher Ostentation zur Schau trägt.

Zuerst nach jener entwürdigenden Gemeinheit, wollte ich, empört bis in's tiefste Herz hinein, Bartone zur Rechenschaft ziehen und an ihm die langsam hinsterbende Heilige rächen, der er gewissenlos das Herz gebrochen.

Allein—was hätte es genützt?

Ich war nicht berechtigt, zwischen die Ehegatten zu treten, weder durch Verwandtschaft, noch durch das Gesetz.—Und ob sich auch jede Fiber meiner Seele, jeder Nerv meines Körpers empört auflehnte gegen die Schmach, die er ihr angethan,—ich wußte ja auch nicht einmal, ob ich i h r durch meine Einmischung nicht noch mehr Unheil schuf. Und, bei Gott! sie hat leider dessen genug.

So schwankte ich beständig—nun entschlossen zu Diesem, bald zu Jenem, immer aber schließlich mir doch eingestehend, daß ich doch nur eine Don Quixoterie ausgesonnen habe.

Da erhielt ich ein Billet-doux von B l a n ch e Dubarron, die von mir auf eine genannte Zeit ein Rendez-vous forderte, dem ich pünktlich nachkommen solle, weil sie mich a l l e i n sehen müsse.

Erstaunt betrachtete ich diese unerwartete Aufforderung.

Von B l a n ch e ein solches Billet! Das gab mir zu denken!

Das Mädchen hatte ich mit beständig sich steigerndem Interesse beobachtet. Sie war so ganz das Gegentheil von ihrer brillanten Schwester, zart, scheu, nur ihrer Kunst lebend, ohne alle Koquetterie, ohne auch nur einen Tropfen des leichten, feurigen Blutes, welches durch Rosa's Adern tanzte,—daß ich es eben so wenig begriff, wie Beide derselben Mutter das Leben dankten, als auch, daß sie trotz der tausend Schwächen ihrer Schwester, dieselbe doch zärtlich liebte und stolz auf sie war.

Natürlich fand ich mich pünktlich bei ihr ein. Sie empfing mich im Zimmer der Schwester, das aber außer ihr ganz vereinsamt war, da Rosa zu einem Dejeuner gefahren. Mit der sanften Anmuth ihres Wesens—paarte sich an diesem Morgen eine Scheu, eine Verlegenheit, die mir sonst an ihr fremd war.

Nachdem ich ihr die Hand geküßt, bot sie mir einen Sessel bei'm hell lodernden Kaminfeuer, und ließ sich mir gegenüber nieder.

„Marchese," hob sie dann mit gedämpfter Stimme an: „Sie werden nicht ohne Ursache—ich gebe es zu!—erstaunt über mein Billet gewesen sein!"

Ich wollte sie mit einer höflichen Phrase unterbrechen, allein sie lächelte ein wenig bitter und winkte mir abwehrend mit der Hand.

„Lassen wir das;—Sie werden ohnehin begreifen, daß kleinliche Rücksichten mich nicht mehr abhalten durften, in einer Sache zu handeln, die das Wohl oder Wehe eines geliebten Wesens angeht! Marchese"— und Thränen durchzitterten jetzt den klagenden Ton ihrer Stimme: „Sie sind ein Mann von Ehre, und deshalb wende ich mich an Sie um Rath, um Beistand! Helfen Sie mir, meine Schwester retten!"

„Retten—vor wem?" fragte ich ernst und gespannt zurück, obschon ich fast mit Gewißheit wußte, was sie meinte.

„Vor sich selbst!—vor ihrer leichtsinnigen Natur—vor ihrer schrankenlosen Vergnügungslust, ihrem unbedachten, impulsiven, ja wilden Lebens-Uebermuth—und vor Allem!—vor dem tollen Spiel mit der Leidenschaft eines Mannes—der—der— — —"

Sie konnte vor nervöser Aufregung nicht weiter reden, und ihr Blick maß mich flehend, während ihre Hände sich krampfhaft in einander schlossen, wie zum Gebet.

„Mein Fräulein—Sie reden in Räthseln!" erwiederte ich endlich, denn ihre letzten Worte verstand ich wirklich nicht.

Da erhob sie sich schnell, legte den Kopf auf ihre gefalteten Hände, die sich an den Kaminsimms anklammerten, als schämten sich die jungfräulichen Lippen der Rede, die sie darauf heftig und in leidenschaftlichen Accenten hervorstieß:

„Mein Gott, es ist so schwer, mich zu erklären! Allein es muß ja doch sein! Sie wissen es ohnehin schon längst, daß der Consul Bartone jede Pflicht und jede Ehre vergißt über den Anblick Rosa's, daß seine tolle Leidenschaft sie verfolgt und— —daß s i e dazu lacht und seiner spottet!"

„Nein, das wußte ich nicht, Fräulein Blanche. Denn bei Gott! ich glaubte, es sei ihnen Beiden fürchterlich ernst, trotz der scherzenden Maske!"—unterbrach ich sie ungeduldig und in aufsteigender Entrüstung.

Sie hob erschrocken den Kopf empor und sah mich an.

„Also so gut spielte die Unselige, daß es selbst Sie, Marchese, täuschen konnte?—Sie—den— — —"

Sie unterbrach sich selbst, strich sich über die Stirn und sagte dann ruhiger, aber mit Nachdruck:

„Sie irren, Marchese di Paoli, meine Schwester erwiedert diese sündige Liebe n i c h t,— —allein ihr feuriges Temperament wird von seiner Flammen-Seele mit sich hinauf gerissen auf alle Höhen der Lust, in alle Tiefen unwürdiger, momentaner Aufwallungen, und im bachantischen Taumel einer berauschten Imagination begeht sie Excesse,—die, glauben Sie mir, Marchese, in ruhigeren Stunden sie selbst entsetzen!"

Ich zuckte nur ungläubig die Achseln. Diese Beurtheilung war mir neu zwar, ber entschieden zweifelhaft. Sie sah das sofort und es schien sie tief schmerzlich zu berühren.

„Mein Gott! Sie glauben mir nicht?" rief sie verzweifelt aus, und setzte dann erregt hinzu: „Und doch schwöre ich Ihnen, Marchese, daß dem so ist! Doch ist es wahr, daß sie spielt, wie die Katze mit der Maus, das Kind mit dem Kreisel, der Wind mit den Blättern, mit diesem Manne, den sie innerlich verachtet, weil er sie getäuscht über sich, als sie ein Kind noch in ihren Empfindungen, ihm blind vertraute wie einem Gotte! Sie quält ihn, um ihn zu strafen, und haßt ihn sogar!"

„Fräulein Blanche, die schwesterliche Liebe blendet Sie!—Sie eben nicht, was jeder Unparteiische sieht,—daß ihre glühenden Seelen längst wie zu einer einzigen Flamme auflodern— —"

„O, schweigen Sie, Marchese!" unterbrach sie mich, während ihr ganzer Körper vor Ungeduld zitterte und sie unruhig mit dem Fuß den Boden bearbeitete: „Sind Sie denn wirklich so blind—oder wollen Sie nur mir verhehlen, daß Sie sehen? Wissen Sie es etwa nicht, daß Niemand, als nur Sie Einfluß auf meine Schwester üben können? —daß sie Ihnen blindlings folgt in allen Ihren Meinungen und Ansichten?—kurz— daß sie Sie allen Männern vorzieht?—daß sie milder, besonnener in Ihrer Gegenwart wird—daß ein Wort von Ihnen ihr schwerer wiegt, als jedes andere; kurz, daß ihre bessere Natur sich Ihnen ganz und allein unterordnet?!!"

Wie vom jähen Blitz getroffen, stand ich da und traute meinen Ohren nicht; mein Auge hing wie gebannt an den aufgeregten, peinlich bewegten Zügen des Mädchens, dessen Rede immer zürnender geworden, während sie bis dicht zu mir hingetreten war. Wahrhaftig! meine Zunge versagte mir sogar den Dienst, um ihr zu antworten— denn an solche Lösung der Dinge hatte ich selbst nie gedacht.

Blanche sah mein Staunen, das sich bis zur Angst steigerte—mein impulsives Zurückschrecken und meine totale Unfähigkeit, ihr in dem Moment zu antworten. Sie legte leicht ihre Hand auf meine Schulter und fuhr ruhiger und bittend fort:

„Verzeihen Sie mir, Marchese, wenn ich ungerecht war! Ich dachte,

Sie wüßten es ganz genau, wie viel Sie bei Rosa ausrichten können! —und in Ihnen, in der reinen, hingebenden Liebe Rosa's zu Ihnen, sah ich ja längst ihre einzige Rettung, und deshalb, glaubend, daß Sie diese Neigung erwiederten, fand ich den Muth, Sie hierher zu rufen, um Sie zu warnen, daß Rosa's Natur nicht Ihrer Nachsicht mehr, nein! Ihres strengen Zügels bedürfe, um den Verirrungen ihres Temperaments nicht doch zum Opfer zu fallen!"

Sie schwieg und trocknete sich die nun unaufhaltsam hervorbrechenden Thränen aus den Augen.

Und ich stand noch immer verwirrt da wie ein Träumender und wußte nichts zu sagen. Die Worte des weinenden Mädchens hatten gar sonderbare Empfindungen in mir geweckt,—Ueberraschung, Scheu, geschmeicheltes Eitelkeits Gefühl, ein eigenthümlich' sinnliches Behagen — und doch zugleich den intensivsten, seelischen Widerwillen. Das schöne Venusbild mit den lockenden Formen — — das unzarte, leichtsinnige, gefühllose Weib ohne Seele— —in zwei Gestalten gaukelten sie vor meiner Phantasie — jetzt mir die Sinne umnebelnd und dann wieder mich abstoßend, ja mich entschieden verletzend!

Endlich faßte ich mich und sprach ernst zu dem mit Spannung meiner Antwort harrenden Mädchen, das mich bangenden Blickes beobachtete: „Fräulein Blanche—was Sie mir da gesagt haben, löst mir unerwartet manche Räthsel! Aber es ist so neu, so gänzlich ungeahnt und unverdient über mich gekommen, daß ich es erst in mir verarbeiten muß, um zu einem freien Urtheil zu gelangen. Es hat mich verwirrt und ich bin sogar unfähig, Ihnen auf der Stelle darauf zu antworten; ich muß zuerst mich selbst wieder finden. Bis dahin erlauben Sie mir, Sie zu verlassen, denn jedes weitere Wort zwischen uns muß jetzt von Ueberlegung und rücksichtsvoller Berechnung dictirt sein!"

Und ehe sie etwas erwiedern konnte, ergriff ich ihre Hand, führte sie an die Lippen und eilte fort.

———

Schienen mir doch die Welt ein wildes Chaos, die Menschen elende Marionetten und ich ein Sandkorn im All, das der Sturm im tollen Wirbel drehte!

Als es endlich klarer und ruhiger in mir wurde, da drang erlösend der Sonnenstrahl einer Idee in meine Seele, die mich seitdem nicht mehr verlassen hat, sondern mich festhält im Licht des Tages und im Dunkel der Nacht, im Wachen und Träumen, im Arbeiten und im Gebet—die Idee: „**D u hast die Macht, Valeriens Glück zu retten— habe denn auch den W i l l e n !**"

Aber der Wille?— —welche Selbstverleugnung, welchen moralischen Muth erfordert er!!

Achtes Kapitel.

Die Tage kamen und gingen. Schon war es Frühling geworden, und doch tobten Herbststürme voll Melancholie und Todessehnen durch Paoli's Brust. Die ruhige Gleichheit seines Wesens war unter ihnen zusammen gebrochen;— —seine schwärmerisch angelegte, ideale Natur stand im wilden Streite mit seiner Vernunft. Die erstere verlangte von ihm, daß er der unglücklichen Valerie, die er mit frommer Liebe anbetete als den Inbegriff alles Edlen, seine Zukunft zum Opfer bringe, indem er ihr den Gatten wiedergäbe und die Schauspielerin unschädlich machend, diese selber heirathe. Er zweifelte gar nicht daran, daß die beiden Gatten, welche die Natur für einander geschaffen hatte, und die sich einst so harmonisch ergänzten — sobald Bartone's tolle, unberechtigte Leidenschaft den Todesstoß erhalten hätte, sich wiederfinden und das Glück und den Frieden noch einmal an ihre Ehe fesseln würden.

Und doch!—seine Vernunft v e r b o t ihm, sich selbst zu opfern und ein Weib heimzuführen, das nur momentan seine niedrigere Natur anzog und dessen ganzes Wesen und Charakter ihn doch abstieß, wie nur je ein lebendes Geschöpf es gethan. Zuerst konnte er gar nicht an ihre Liebe überhaupt glauben; als er jedoch nachsann über jede Minute, die er in ihrer Gesellschaft verbracht hatte, um klar in dem sonderbaren Dunkel zu sehen—da mußte er sich trotz seiner Bescheidenheit gestehen, daß sie ihn in der That vor allen Männern ausgezeichnet habe. Allein das söhnte ihn keineswegs mit ihr aus—nein! es erbitterte ihn nur noch immer mehr und erfüllte ihn mit wahrem moralischen Abscheu. Denn doppelt sündig erschien ihm nur das leichtsinnige Thun der herzlosen Koquette, die mit dem Herzens=Frieden zweier Menschen solch' elendes, verderben-bringendes Spiel getrieben hatte. Lag doch zuvor ihre einzige Entschuldigung, die er für sie zu finden wußte, gerade nur in der wahren, mächtigen Empfindung einer heftig und leidenschaftlich angelegten Mädchen=Seele, die er ihr beigemessen. Und nun?! Es war haarsträubend!! Diese elende Creatur, die ihn berückte und die er verachtete zugleich—sollte er selbst für immer an sein Leben ketten und es elend machen lassen — — um dem Weibe, das er liebte und das doch einem Anderen gehörte, damit die Ruhe und das Glück zurück zu erkaufen?

Es war gewiß groß—edel—selbst verleugnend, den Idealen erhabener Seelen würdig — — — aber es war auch schwer — ja ü b e r m e n s c h l i c h sogar.— —

So oft er dann schon den heroischen Entschluß gefaßt in den stillen Stunden der Nacht,—am lichten Tage brach er unfehlbar wieder nieder. Und doch trat die Nothwendigkeit eines schnellen Handelns geradezu drohend an ihn heran, denn mit jeder verlorenen Stunde wurde ihm die Gewißheit klarer, daß Valeriens Herz langsam, aber sicher an seinen Wunden verblute. Und dieser Mann, der vielleicht mit frommer Ergebung ihren von unumstößlichen Naturgesetzen angeordneten Tod hingenommen hätte— —konnte es doch nicht ertragen, die beständigen Qualen, die bittere Vereinsamung und die ewige Erniedrigung der lebenden Frau mit anzusehen.

Bartone hatte er nicht wieder gesehen, aber zu Valerien trieb es ihn öfter wie je hin, und ob er nun bei ihr war oder fern von ihr, es kam ihm stets vor, als begehe er ein bitteres Unrecht an der stillen, blassen Frau—es kam ihm vor, als mache er sich zum Mitschuldigen von ihres Gatten Sünde und sei mehr noch wie dieser verantwortlich für ihr sichtliches Hinwelken.

Umsonst!! Zerrissen—unglücklich—lebensmüde wanderte er ruhelos umher, ohne sich doch entschließen zu können, sich an das Kreuz nageln zu lassen, das sein Verhängniß für ihn aufgerichtet. So kam er auch eines Tages wieder nach Bartone's Wohnung. Er fand jetzt niemals mehr den früheren Freund daheim—aber heute sollte er auch Valerien nicht sehen. Der kleine sechsjährige Leo, der eine geradezu abgöttische Liebe zu dem sanften, traurigen Freunde der Mutter gefaßt hatte, öffnete ihm die Thüre.

„Wo ist die Mama, mein Liebling?" fragte er, das Kind auf den Arm nehmend und mit ihm in's nahe Empfangs=Zimmer schreitend.

Das Kind sagte nichts—sah sich scheu um und sprang dann, sich aus den ihn haltenden Armen gewaltsam losmachend, zu der halb=ge= öffneten Thüre und schloß diese vorsichtig.

Paoli's Blick folgte ihm überrascht. Leo war sonst lebhaft, impulsiv und unbedacht—eine solche Vorsicht, ja anscheinende Geheimnißthuerei lag nicht in seinem Temperament. Schnell flog derselbe darauf zu Paoli zurück, kletterte auf sein Knie, schlang die Händchen um seinen Hals und flüsterte leise:

„Die arme Mama ist doch zu Hause, Onkel Paoli!! Und weißt Du wohl, warum sie nicht zu Dir kommen mag und mir gebot, sie zu verleugnen? Nein?! Nun, dann will ich es Dir sagen; sie hat wieder so roth geweinte Augen und fürchtet, Du würdest sie fragen, warum sie denn geweint habe— —"

Paoli wurde es ganz weh um's Herz und er forschte, was er im anderen Falle nie gethan hätte, hastig, als das Kind momentan stockte:

„Nun, mein Junge, sprich weiter—weshalb weinte die Mama denn so sehr?"

Das Kind sann einen Moment nach und flüsterte darauf im em= pörten Tone:

„O, der Papa ist wieder mal so zornig gewesen, und wenn die Mama ihn auch noch so freundlich bittet, so geht er doch aus und bleibt immer fort,—so lange, bis Mama sich halb todtgeweint hat! Und dann — —wenn sie ihn fragt, ob er ihr nicht Geld geben will, dann wird er so böse, und wenn er nicht alle Schüsseln so findet, wie er sie haben will, da schimpft er— — —"

So plauderte das unschuldige Kind in seiner Entrüstung fort und ahnte nicht, daß der Mann, auf dessen Knieen es sich schaukelte, fühlte, als könne er zum Mörder an dessen Vater werden.

„Ja ganz gewiß, Onkel—Anita und ich, wir wären schon längst fortgelaufen, wenn die Mama nur hätte mitgehen wollen,—aber sie muß bleiben und da müssen wir es auch!" plauderte das Kind weiter und dann ballte es zornig die Hände, als drohe es leise Jemanden.

Paoli schauderte es. Er beugte sich dichter über den Knaben und sagte, schmeichelnd das dunkle Lockenhaar desselben um seine Finger wickelnd: „Still, Kind—Du weißt nicht, was Du sagst. Siehst Du, wenn der Papa schmollt, so—Du lieber, kleiner, dummer Felix Du!— meint ja der Papa das gar nicht so böse, und die Mama weint über etwas ganz Anderes, was Du, Liebling, noch nicht verstehst!"

„Als ob ich es nicht besser wüßte!!" trotzte das Kind mit flammenden Augen: „gestern Abend da meinte sie, wir schliefen und da habe ich sie weinen gehört und den lieben Gott bitten, er solle sie doch sterben lassen, denn sie könne das Benehmen von Papa nicht länger ertragen. Aber da!" das Kind richtete sich zornbebend stramm in Paoli's Armen auf: „da habe ich mich aufgesetzt im Bett und habe laut gebetet: Lieber Gott, höre n i c h t auf die Mama, wir können sie nicht entbehren und haben sie so lieb—tausendmal lieber wie den Papa, den kannst Du nur fortnehmen, denn er ist immer böse und quält die arme Mama, und—denke Dir, Onkel! da ist die Mama ganz böse geworden und hat mich sogar geschlagen! Kannst Du d a s verstehen?!!"

Paoli küßte das Kind erst leidenschaftlich innig und sagte dann im Tone liebevollen Tadels:

„Das war auch ganz recht von der Mama, Du kleiner Trotzkopf, wie denn die Mama immer Recht hat, und da sie den Papa sehr liebt, so mußt Du nie, nie wieder etwas Böses über ihn sagen!"

„Bös?!" fragte der logische Kindermund zurück, „ja, sage doch, wie kann das bös sein, wenn sie selbst erst gesagt hat, sie könne des Papa's Benehmen nicht länger mehr aushalten?— — —"

Eine Schachtel mit Zuckerwerk erstickte die ferneren Argumente des jugendlichen Denkers, und Paoli entfernte sich mit tiefer Verstimmung. In eben dem Moment, wo ihn das Kind arglos in Valeriens volles

Elend einweihte, hatte sich seine edle, selbstlose Seele zum heroischen Entschluß endgültig durchgerungen, sie zu erlösen.

―――

Paoli lief, als verfolgten ihn Harpyien, hinaus in's Freie — ziellos, planlos hinaus in die frische Frühlingspracht, in die ewig harmonische Natur. Er wollte sich aussöhnen mit sich selbst — wieder Eins werden mit der Urkraft des Alls — aufgehen im stillen Waldesfrieden — bis er sein eigenes, kleines Ich vergessen im gewaltigen Ganzen. Und als sich kosend des Windes Wehen um seine heiße Stirn, und beschwichtigend die tiefe, heilige Ruhe der neu-erstandenen Schöpfung auf seine brandende, gährende Seele legte, da kam es auch zuletzt wirklich wie Ergebung über ihn und leise murmelte er:

Und was liegt denn auch viel daran, ob der Mensch glücklich oder unglücklich auf Erden ist — wenn er das Rechte gewollt und gethan hat? Das Höchste bleibt uns ja doch ewig unerreichbar, sei es der Gott in der Schöpfung, in der Kunst oder in der Liebe! H a l b h e i t ist der Fluch der Sterblichen, und an ihm geht stets unser reines, ungetrübtes Glück zu Grunde — an ihm zerschellt das Streben des Genies, an ihm zerrinnt tropfenweise das Meer unserer Hoffnungen. Am Ende unseres Daseins bleibt nichts übrig, als Müdigkeit, als die trostlose Gewißheit, überhaupt nichts V o l l k o m m e n e s erreicht zu haben! Was schadet es da viel, ob man mit blondem oder weißem Haare dahin kommt, — ob einige Illusionen zu früh gestorben sind und — — —

Hier hörte er sich von einer vorüber rollenden Equipage aus angerufen, die er, wie überhaupt Alles, was um ihn vorging, gar nicht bemerkt hatte in seinem Brüten. Erschrocken blickte er auf — — und sah sich seinem Schicksal gegenüber.

Wollüstig zurückgelehnt in die rothen Sammetkissen eines hübschen Landau, — mit vollen Zügen die balsamische Luft einathmend und koquett mit einem schwarzen Spitzenfächer spielend, gewahrte er Rosa Dubarron, schön und frisch wie der Mai, in leichter, heller Sommer-Toilette, die ihr entzückend stand. Das rosige Antlitz lächelte ihn an, die Augen sprachen ein noch wärmeres Willkommen und die reizend geschwungenen Lippen riefen:

"Ah, Marchese di Paoli—Sie sendet mir ein grund=gütiger Him=
mel, um mir die Langeweile zu vertreiben!! Zwar wollte ich allein
sein und schickte ruhig Herrn White, der mir seinen Wagen zur Dis=
position stellte, anderer Wege. Jedoch schon seit einer Stunde bereue
ich das, und gähne ohne Ende! Schnell, steigen Sie ein und fahren
Sie mit mir! Nun?—warum zögern Sie denn? Sie sehen, der
Kutscher kann kaum die wilden Pferde bändigen!"

Paoli sah in diesem Zusammentreffen klar den Willen der Vorsehung.
Schon wollte er den Fuß auf den Wagentritt setzen, um der Aufforde=
rung der Schauspielerin zu folgen,—da stieg aus dem dunklen Blätter=
dach über ihnen krächzend ein Rabe auf und schwebte langsam hinauf
in den Aether.

"Ein böses Omen das!" sagte Paoli erschüttert, denn sein Nerven=
system war stark angegriffen; "und ich meine, Fräulein Dubarron, Sie
sollten mich nicht einladen, mitzufahren!"

War es doch plötzlich wieder wie Feigheit über ihn gekommen!

Ein silbernes Lachen perlte von ihren Lippen:

"Mon dieu, Marchese! Sie sind abergläubig wie ein Schulmäd=
chen! Sehen Sie doch hinauf!—Ihr geflügeltes Omen kann kein
Unglücksbote sein, denn es steigt zum Himmel auf. Als guter Katholik
aber müssen Sie ja zum Himmel aufsehen, als dem Urquell alles Gu=
ten! En avant donc, monsieur!"

Paoli gehorchte jetzt—der Kutscher zog die Zügel an, und rasch
jagte das leichte Gefährt dahin auf den glatten, schattigen Wegen des
Parkes. Paoli sah jetzt erst, wo er sich befand. Zuerst schwieg er eine
Weile; dann sagte er plötzlich mit dem Muthe der Verzweiflung, indem
er fest den Blick auf sie richtete:

"Sie meinten zuvor, der Himmel sende mich her, Rosa—der Begriff
ist etwas vage—nennen wir es deshalb das Schicksal!"

"Um Gotteswillen, Marchese," spottete sie zurück, "werden Sie nur
in diesem Moment nicht tragisch. Sehen Sie diese Bank da? Es ist
dieselbe, auf der sich unlängst der junge Millionär X. erschoß und es
ist darum ohnehin unheimlich genug hier!"

"Où est la femme?" fragte er düsteren Blickes hinüber sehend.

„Ah—Sie gehören auch zu jenen Skeptikern, die keinem unschuldi=
gen Frauen=Antlitz trauen und überall Ränke wittern?" scherzte sie
achselzuckend, und dann schlug sie trillernd die Melodie eines französi=
schen Liedchens an, dessen Refrain lautete: "À bas *les* femmes, à
bas *la* femme!"

Er lehnte sich mittlerweile, ungewöhnlich bleich, in die Kissen des
Wagens zurück und maß das Weib, um das er werben wollte, mit dü=
steren Blicken.

Nachdem sie ihren Chanson beendet hatte, wandte sie sich lachend
zu ihm:

„Wahrhaftig, Marchese—Sie sind der melancholischste Mensch, den
ich kenne, und besitzen auch keine Spur vom leichten Blut der Süd=
länder! Sagen Sie, hat man Sie vielleicht der Neuheit des Experi=
mentes wegen mit Citronensäure genährt, statt mit Liebfrauenmilch?"

Er richtete sich auf und sah sie lange ernst an, ehe er mit bewegter
Stimme sprach:

„Ich habe das Leben allerdings ernster auffassen lernen, wie Sie,
mein Kind—allein ich besitze doch Toleranz genug, um eine leichtere
Auffassung nicht zu verdammen, wenn ich sie auch oft nicht verstehe,—
eine Auffassung z. B., wie S i e sie zu besitzen scheinen! Sie wird eben
vom Uebermuth der Jugend dictirt, während die Erfahrung uns mäßigt
und das Leben unsere Anschauungen vertieft!"

Ueber die lachenden Augen der Schauspielerin legte sich der Schleier
ihrer dunklen Wimper, und so schoß sie scharf sondirende Seitenblicke
auf Paoli. Was wollte der sonderbare Mensch nur heute mit seinen
tendenziösen Redensarten? Sie wartete, ohne ihm zu antworten.

„Ich glaube, wenn Sie aus dem tollen Taumel Ihres jetzigen Le=
bens herausgehoben würden in ein weniger bewegtes und in ein von
anderen, höheren Pflichten geregeltes, Fräulein Rosa,—so würde dieser,
vielleicht nur einer physischen Kraft=Ueberfülle entspringende Leichtsinn
gemildert zum belebenden Frohsinn, zur edlen Heiterkeit, die streng in
den Grenzen der Anmuth gehalten, das Glück und den Sonnenschein
des Hauses bilden müßten!"

Aergerlich fuhr sie auf:

„Mon très cher ami—laſſen Sie mich, wie ich bin! Mein Leicht=
ſinn, das glauben Sie mir, thut mir Noth, um mich über manche
Täuſchung hinwegzuſetzen und— — —"

Er unterbrach ſie und indem er leicht ſeine Rechte auf ihre linke
Hand legte, die ungeduldig mit dem Fächer manövrirte, bat er mit
weichem Tone, während ein milder Blick ſie mit ſeinen ſtrengen Worten
von vorhin wieder ausſöhnte:

„Ich will Ihnen ja nicht wehe thun—Roſa—allein ein Schritt, wie
ich ihn zu machen im Begriff ſtehe, verlangt eine klare Verſtändigung
der Betheiligten, ein Wägen und Meſſen ſeiner Vortheile und Nach=
theile—kurz, ein ganz offenes, freies Sich=ausſprechen— —"

Sie gähnte—lehnte ſich weit zurück in die Kiſſen und obſchon er
an ihrer geſeſſelten Hand merkte, daß ſie doch erregt ſei, ſo ſagte ſie ſehr
kühlen Tones ſpöttiſch:

„Ehe Sie fortfahren, mich zu myſtificiren, bitte ich, mir lieber zu
ſagen, worin denn dieſer außerordentliche Schritt beſteht?"

Einen Moment ſchwieg er,—ob er wohl noch zauderte? Und dann
erwiederte er ihr, ſich dicht zu ihr hinüber beugend und ſie ſo feſt an
ſehend, daß ihr Roſengluth verrätheriſch auf Stirn und Wangen trat—
ſehr ruhig, ſehr feſt, ſehr nachdrucksvoll:

„In der Frage, Roſa Dubarron, ob Sie mein Weib werden
wollen???!"

Einen Augenblick erſchien die Schauſpielerin gelähmt an Körper
und Seele. Regungslos, blaß, mit geſenkten Augen lag ſie in der
Wagenecke, ehe es ſie wie ein elektriſcher Strom durchzitterte, ehe ſie
die Lider hob und den Blick, aus dem die lichte Lohe ſchlug, voll zu
dem Manne neben ſich erhob. „Marcheſe, Sie reden irre!" ſagte ſie
dann mit leiſer Scheu, denn noch lag ſein Auge ſo feſt, ſo forſchend auf
ihr, als wolle er ihr ganzes Weſen ergründen.

Er zog darauf die Hand, welche jene der Schauſpielerin umſchloß,
zurück, ſtrich ſich damit über die Stirn, als müſſe er die wirren Ge=
danken glätten, und lehnte ſich weiter zurück in die Kiſſen des Wagens,
ehe er etwas erwiederte. Währenddem ſah er nicht, wie diaboliſch es

aufzuckte in den Augen des Weibes neben ihm, wie Triumph, Hohn
und Rache aus ihnen brach, wie ein Vulkan,—und wie dann, als seine
Hand wieder in den Schooß sank, sich das Alles änderte mit einem
Mal, blitzschnell, und nur holde Scham, Freude und scheue Liebe dar=
aus sprachen.

Der düstere Ernst wich aus seinem Antlitz, der fest aufeinander ge=
preßte Mund, der einen Aufschrei der Pein zu verhindern, sich nach den
verhängnißvollen Worten hermetisch geschlossen hatte, verlor seine
strengen Linien und lächelte fast, als er das reizende Geschöpf neben sich
wieder ansah und dabei gewahrte, wie demüthig und mädchenhaft sie
sein Geständniß hingenommen. Er zog ihre Hand an die Lippen und
sagte darauf milder:

„Was ich Sie fragte, Rosa, entsprang nicht dem Impulse des Mo=
mentes, sondern gereifter Ueberlegung,—denn ich bin nicht eine jener
Naturen, deren Entschlüsse und Handlungen schnell gefaßt und wankel=
müthig, wie Spreu vom Winde beherrscht wird, wieder sich ändern, ehe
sie recht beschlossen sind. Aber wie ich ernst erwäge, was ich ausführe,
so will auch ich stets klar werden über die Motive Anderer—vor Allem
jetzt über die Ihren, Rosa!"

Die Angeredete erblaßte und ließ den Blick sinken;—sie wußte
genau, was kommen mußte, und obschon sie das durchaus nicht ansicht
und sie ihn am liebsten ausgelacht hätte,—so lag es doch in ihrem
Plan, eingeschüchtert und bange zu erscheinen. Und es gelang ihr so
gut, daß selbst der Mann, welcher sie bis dahin stets klar durchschaut
hatte, in dieser Minute getäuscht wurde und sie für besser hielt, wie sie
war. Er fühlte sogar Mitleid mit ihr und statt sie zur Rechenschaft
zu ziehen, wie er es zuerst vorgehabt, änderte er seine Tactik und sagte
zwar ernst und vorwurfsvoll immer noch, aber doch weich:

„Rosa, ich weiß jetzt, daß Dein Herz mir gehört, da Deine
Schwester es mir gestanden hat;—ich selbst würde es nie errathen
haben, nach dem unverzeihlich' leichtsinnigen Spiel, das Du mit
Bartone getrieben hast! Kind—Kind!—begriffest Du denn in Deiner
Blindheit gar nicht, wie schwer Du an ihm, an seiner armen, zarten
Frau,—und vor Allem an jenem heiligsten Gefühle, der Liebe zu mir,

sündigtest, indem Du der tollen Laune und der Lust Deiner lebhaften Phantasie die Zügel schießen ließest?"

Sie sah ihn flehend, o! so flehend an, und dann senkte sie wieder schuldbewußt den Blick vor ihm und flüsterte ganz leise, so daß er es kaum hören konnte:

„Mein Gott!—ich war ja so unglücklich, daß Sie, Marchese—mir stets so kalt und strenge gegenüber standen— —S i e, dem ich jede Laune willig geopfert hätte für ein einziges liebevolles, zärtliches Wort! Aber Sie sprachen es nicht,—Sie hatten nur kalte Gleichgültigkeit für mich und— — —"

Ihre Brust hob sich convulsivisch und anscheinend mit Mühe nur zwang sie die Thränen zurück, die schon zwischen den Wimpern glänzten.

Paoli war ein Mann — — und ließ sich täuschen. Er umschloß die feine, mit perlgrauen Glacées umspannte Hand, die sich wie im Zorn über seine Verschmähung ihrer, jetzt noch ballte—mit der seinen, und erwiederte herzlich:

„Lassen wir Alles, was hinter uns liegt, vergessen und vergeben sein. Und bei'm Himmel, Rosa, meine Lippen sollen nie einen Tadel für Dich im Leben finden, wenn Du von Stunde an sühnst, was Du in unfreiwilligem Frevel verbrochen hast! Schwöre, daß jener Mann Dir gleichgültig, daß Du ihn fern wie die Sünde von Dir halten willst für alle Zukunft,—und dann ich gehöre Dir, dem schönsten Weibe, das ich je gesehen, mit Leib und Leben!"

Gespannt und flehend fast hing sein Blick an dem reizenden, bald erröthenden, bald erbleichenden Mädchen, das ebenso reuig und scheu sich in die fernste Ecke drückte, wie sie sonst kühn, frei und ungenirt war. Er glaubte mit jedem Moment mehr an ihre Liebe zu ihm und fing an, auf ihre Erlösung durch dieselbe zu hoffen.

Und sie spielte auch in der That meisterhaft. Wie sie so dasaß, mädchenhaft bestürzt und doch das Glück ihr aus allen Linien des rosigen, lebensvollen Antlitzes brach,—wie sie einem gefangenen Vögel= chen gleich bald einen halb scheuen, bald einen glühend vertrauenden Blick sich durch die lange schwarze Wimper stehlen ließ, auf ihn, der sie fest in seinen Liebesfesseln hielt,— —da hätte sehr viel Skepticismus,

sehr viel Mißtrauen, sehr viel Menschenkenntniß dazu gehört, um ihr
nicht zu glauben. Und doch log sie mit Mund, Augen und Bewe-
gungen—doch log sie schändlich, als sie leise flüsternd bat, im schmel-
zenden Tone leidenschaftlicher Hingebung:

„O Francesco, erinnere mich nicht an den unwürdigen Leichtsinn
meiner verblendeten Stunden! Ich schäme mich ihrer, und bei'm Himmel, ich schwöre Dir, hätte ich gewußt, daß Du"—sie hielt im Sprechen
erschrocken inne und erröthete über und über, ehe sie den Satz dennoch
aussprach: „mich wirklich l i e b t e st,—ich hätte nie so verächtlich mit
anderen Herzen gespielt, um das D e i n e zu gewinnen!"

War es ein Wunder, daß er ihr glaubte?—daß sich leise sein Arm
um ihre Taille stahl,—so verstohlen, daß die Welt zu Wagen und zu
Fuß in den Wegen des Parkes gar nichts davon sah oder ahnte? und
daß er entzückt die lieblichen Züge des Mädchens betrachtete,—welches
die Liebe zu ihm also vortheilhaft verwandelt hatte?!

„So bist Du denn m e i n, Rosa—mein für's Leben?" flüsterte
er berauscht und zog sie enger an sich.

„Dein für ewig!!" gab sie leise zurück mit solch' leidenschaftlicher
Gluth, solch' jubelnder Innigkeit, daß er Alles vergaß über der be-
rauschenden Nähe des wundervollen Geschöpfes und sich trunkenen
Blickes an ihrer Schönheit labte.

Als er aber an jenem Abend Abschied von ihr genommen und die
Thüre trennend zwischen den Verlobten in's Schloß gefallen war—da
folgte ihm, ohne daß er es hörte, ein schrilles, wildes Auflachen, ein
unheilvoller, böser Blick und das zwischen den Zähnen zornig hervor-
geknirschte Wort: „Verloren!"

Er aber im Gefühle, eine edle große That vollbracht zu haben,
ging befreiten Herzens heim und murmelte zufrieden: "Ce n'est
que le premier pas, qui coute." Und zu Hause angekommen,
setzte er sich nieder im Frohgefühle seiner gethanen Pflicht und schrieb
an Fiorelli:

Mein Freund! Im Mai.

Es ist vollbracht! Indem ich Valerie erlösen wollte, habe ich die eigene Seele befreit von den Banden eines ganz falschen, ungerechten, sündigen Vorurtheils. Ich bin Rosa Dubarron's Verlobter und zum erstenmale hat sich mir dieses Mädchens Seele ohne verhüllenden Schleier gezeigt, und beschämt erkenne ich, wie hart und ungerecht ich sie beurtheilt habe. Die Liebe zu mir wurde, als sie sie unerwiedert fand, der Sporn, im ausgelassenen Taumel lauter Aufregungen Vergessenheit zu suchen,—ja, ihre heftig empfindende Seele aus reiner Verzweiflung auf die Bahn der Sünde zu jagen. Sie liebt mich, und ich will sie vom Fluch ihres früheren Lebens erlösen durch Treue und Geduld,—will Valerien das Glück zurückerkaufen, und mir in der Pflicht=Erfüllung, in dem Opfer, das ich bringe, vielleicht selbst das Leben zweckbringender gestalten. Nur die S o n n e, Freund—die Sonne werde ich wohl niemals wiederfinden!

Francesco di Paoli.

Der Freund in Rom aber schüttelte traurig sein Haupt, als er diese Zeilen las und rief zornig aus:

„Du unverbesserlicher Idealist hast selbst nur Dein Todes=Urtheil unterschrieben!"

Neuntes Kapitel.

Am Tage nach den erzählten Ereignissen wurde Bartone am Morgen sowohl wie am Nachmittage von der Schauspielerin nicht angenommen, trotzdem er sie dringend darum bat in einem schnell entworfenen Billet doux, da er ihr Wichtiges mitzutheilen habe. Sie blieb ihm aber doch unnahbar.

Später erhielt er folgenden Brief vom Marchese di Paoli:

Mein Freund!

Die eifersüchtige Laune eines liebenden Frauenherzens begeht oft, gedankenlos über die Consequenzen, allerlei Excesse, welche in der Brust eines anderen Mannes Gefühle wachrufen, die zu existiren nicht berechtigt sind. Ob Rosa Dubarron zu diesen Naturen gehört, überlasse ich Ihnen zu entscheiden, nachdem ich Ihnen mitgetheilt habe, wie ich seit gestern weiß, daß sie m i c h allein liebt, um mich allein mit allen Waffen der Eifersucht gekämpft hat, und es tief bereut, vielleicht Andere mißleitet zu haben im Glauben an ihre Empfindungen. Sie ist nun meine Braut, und ich werde über ihren Ruf so strenge wachen, wie wenn sie schon meinen Namen trüge!

Wenn Sie, lieber Bartone, ihr Ihre Glückwünsche darbringen wollen, was ich nach den nahen Beziehungen als erster Protector ihres Talentes als natürlich annehme, so bitte ich darum, daß dieses in Begleitung Ihrer verehrten Frau geschehe, die durch ihre gütige Beachtung Rosa Gelegenheit geben möge, sich an den sie auszeichnenden häuslichen Tugenden zu bilden!

Wie immer Ihr treu ergebener

Francesco di Paoli.

Ein wilder Fluch Bartone's folgte dem Lesen dieser Zeilen—ein furchtbar höhnisches, bitteres Auflachen—und dann—in tausend Atome zerstampft lag das Papier alsbald unter der Sohle seines Fußes!

Es war etwas Grauenhaftes um seinen Zorn. Wie ein Dämon raste er in der nächsten halben Stunde in seiner Office umher, bald die Fäuste ballend, bald sie wild gegen die Stirn schlagend—jetzt aufstöhnend aus tiefster Brust und dann wieder schrill auflachend,—er war das Bild einer vollständig unbeherrschten, tödtlich verwundeten Leidenschaft, die jeder seelischen Controle entwachsen, in ihrer vollen Urkraft dahin brauste wie der entfesselte Sturm.

———

Endlich hielt er es nicht mehr aus in den vier Wänden. Er stürmte fort, während es ihn in den Ohren zu summen schien, als hohnlachten tausend Teufel seiner, und sein Herz blutete, als hätten es tausend Geier zerfleischt.

Heftig in allen seinen Empfindungen, war er geradezu sinnberaubt unter dem unerwarteten Schlage dieser unfaßbaren Neuigkeit, und es war ihm factisch, als spotte seiner die ganze Schöpfung, als höhnten seiner alle die Millionen lebender Wesen auf Erden und in den Lüften.

So fand er sich vor Rosa Dubarron's Wohnung.

„Nicht zu Hause!" klang es ihm dumpf in den Ohren nach, und als er dann Paoli's Haus aufsuchte, um sich an ihm zu rächen, da lautete das „Nicht daheim" nur wie ein Ton aus dem gellenden Echo der ganzen gegen ihn verschworenen Schöpfung. Dann ging er heim —direct nach oben in den dritten Stock—verriegelte die Thüre, und war allein — allein mit seinem verwüsteten Dasein — — allein mit seinem Revolver!

Zur selben Stunde lag unten, eine Etage tiefer, ein blasses Weib auf den Knieen und betete. Mit überströmenden Augen dankte sie Gott, daß er endlich Erbarmen mit ihr gehabt und bat ihn reuig um Verzeihung, daß sie ihrem Gatten ein so schweres Unrecht zugefügt habe. Alles das war von den folgenden Zeilen bewirkt, welche sie zuvor erhalten:

Madame Bartone!

Mein Verlobter, der Marchese di Paoli, Ihr Freund, sagte mir soeben, daß eine unbedachte Spielerei von mir Ihnen Schmerz bereitet habe. Ich bin untröstlich darüber, da ich allein, ganz allein die Schuld daran trage. Die Sache verhält sich einfach so: Ihr Herr Gemahl sah einst zufällig eine Armspange in meinem Besitze, dessen Gegenstück Sie besaßen. Ueberrascht bot er mir eine andere dafür, im Falle ich mich von ihr trennen wolle, um Ihnen, verehrte Frau, die von Ihnen längst gewünschte zu Füßen legen zu können. Ich forschte, neugierig durch seinen Eifer gemacht, warum Sie das altmodische Ding ersehnten, und erfuhr nun, daß es Glück bringen solle. Abergläubisch gelüstete es mich, dies zu erproben. Unter dem Vorwande, ihm das meinige, sobald ich mich von der Echtheit des „Pendants" überzeugt habe, ausliefern zu wollen, verlangte ich, zuvor das Ihrige zu sehen. Er brachte es mir auch — — und dann weigerte ich mich, trotz seines Bittens, trotz seines Bestehens darauf, es sofort zurück zu geben. Ja, übermüthig wie meine Natur ist, legte ich es eines Abends sogar selber an, und da es mir im Traum nicht einfiel, es behalten zu wollen, dachte ich auch nicht an das Unheil, welches ich, wie mir der Marchese mittheilt, wirklich dadurch anstiftete. Jetzt peinigt mich mein Schuld-Bewußtsein, und ich bitte Sie, mir als Zeichen Ihrer vollständigen Verzeihung, die Freude zu gewähren, mit dem Ihren, das ich Ihnen hierbei zurücksende, auch das meine anzunehmen.

Rosa Dubarron.

Valerie ahnte nicht, wer mit eiserner Festigkeit dieses Bekenntniß der schönen Schauspielerin erpreßt hatte; sie ahnte nicht, wer diese demüthigen Linien dictirt und wie die Schreiberin dabei die Linke im still kochenden Aerger zusammengepreßt hatte, bis ihre feinen Nägel sich in das rosige Fleisch eingruben. Allein sie hatte sie dennoch — anscheinend willig — geschrieben, denn sie mußte, sie mußte es thun, wollte sie

den Racheplan, den sie einst in böser Stunde gegen beide Männer ge=
schworen, siegreich ausführen.

Halb hatte sie ja schon triumphirt in jener Stunde, wo Paoli sein
Wohl oder Wehe in i h r e Hand gelegt;—jetzt hieß es, zuerst Bartone
leiden machen!— —Paoli nachher!!

Wie befriedigt schlug ihr Herz auf, wie jubelte sie in teuflischer Lust,
als sie ihres Verlobten Befehle wörtlich befolgte, Bartone, falls er
a l l e i n kommen sollte, abweisen zu lassen! Es behagte ihr unendlich,
daß er die bittere Enttäuschung, seiner Natur gemäß, ganz offen zur
Schau trug—daß er wiederkam und wiederkam. Hinter den Vorhängen
versteckt, sah sie ihm nach, wenn er ging, und ihre Züge verriethen
glühende Liebe und glühenderen Haß zugleich. Ihr schönes Antlitz
trug dann einen wahrhaft medusen=artigen Ausdruck.

Verschiedene Tage waren vergangen;—e r hatte sie im Elend—
s i e im Triumph verbracht. Da sah er sie eines Morgens, als er eben
wieder die Schritte wie unvermeidlich nach ihrem Hause lenkte, nahe
dem Fenster stehen.

Dasselbe Spiel wiederholte sich—er wurde dennoch abgewiesen. Aber
seine ungestüme Natur war jetzt am Ende ihrer Ertragungs=Fähigkeit
—er schritt einfach bei der Dienerin vorüber und betrat unangemeldet
das Gemach der Schauspielerin.

Trotz seines furchtbar verstörten Aussehens, empfing sie ihn so
ruhig, so gleichmüthig, als sei nichts vorgefallen.

„Ah, Freund Bartone — Sie kommen endlich, um mich zu beglück=
wünschen!" lächelte sie ihn an: „Ihre reizende Frau kam gestern allein
und Ihnen damit zuvor,—obschon ich dachte, Sie, der Sie mir meinen
theuren Marchese zuführten, würden uns auch zuerst und freudigst
gratuliren!"

So empfing sie i h n—dessen Inneres ein wildes Feuermeer war,
in dem jedes Nachdenken und jede Selbst=Beherrschung erstickte. Er
trat dicht vor sie hin; mit den aufgeschwollenen Stirn=Adern, den düster
grollenden dunklen Augen erschien er ihr wie ein zürnender Jupiter.

„Nein!" sagte er mit vor Zorn umschleierter Stimme: „ich komme
nur, um R e c h e n s c h a f t von Ihnen zu fordern, ich komme, um zu

fragen, weshalb Sie ein so gotteslästerliches Spiel mit meiner Vernunft getrieben haben, Rosa Dubarron, und dann," er ballte die Faust zusammen und zornige Blitze zuckten aus seinen mächtigen Augen vernichtend über sie hin: "wie Sie es noch wagen konnten, durch diese elende Schein-Verlobung — —"

Das Mädchen vor ihm zitterte nicht schuldig zusammen, nein! kalt und voll maß sie ihn prüfend, trotz seines entsetzlichen Anblicks, der sicher wohl Furcht und Angst gerechtfertigt hätte.

"Schein-Verlobung, Herr Bartone?" fragte sie, ihn unterbrechend, mit einem eisigen, ironischen Lächeln, als begriffe sie ihn nicht recht.

"Meinen Sie etwa, ich sei bornirt genug, an eine wirkliche Herzens-Vereinigung zu glauben?—ich—der ich weiß, daß Ihre Gefühle, wenn Sie deren überhaupt besitzen—mir gehören—mir allein?!" rief er stürmisch aus.

Sie lächelte belustigt. Dann ließ sie sich auf einen Fauteuil sinken, lehnte sich behaglich zurück und zog mit dem rechten Fuß ein blaues Atlas-Schemelchen heran, auf dem sie die beiden in dunklen Sammet-Schuhen steckenden Füßchen legte. Ihr weißes, spitzen-besetztes Morgenkleid verrieth hier und da die vollendeten Formen und warf malerische Falten um die ruhende Figur. So saß sie, ein entzückendes Bild behaglichsten Friedens, und drückte das feine Spitzentuch mit dem berauschenden Reseda-Parfüm hin und wieder an's Gesicht, als bedürfe sie der Stärkung, um seine Anwesenheit überhaupt nur ertragen zu können.

"Ah, Herr Bartone—wie hübsch Sie den Zorn darstellen!" sagte sie endlich gähnend: "ich glaube gar, Sie wollen mir eine Probe Ihres Talentes ablegen, damit ich sehe, daß, wenn ich die Bühne demnächst verlasse, man noch möglicherweise über andere Kräfte gebieten könne!"

"Entsetzliche Creatur!" brauste er auf, "willst Du mich denn wirklich gänzlich rasend machen?"

Sein Stiefel-Absatz bohrte sich tief in den türkischen Teppich ein und er hätte das Weib vor sich, die ganze Erde zermalmen mögen in seiner innerlichen Zerfahrenheit—allein äußerlich rang er darauf doch gewaltsam nach Ruhe, denn er begriff endlich, daß er so nicht mit ihr verhandeln konnte.

Er trat dann dichter vor sie hin und sagte mit schneidendem Tone der Stimme:

„Und wenn Ihr Mund auch lügt, und Ihr Auge so klar und hell auf mir ruht, als berge es nicht die unergründlichsten Tiefen, die dunkelsten Abgründe,—Sie täuschen mich jetzt nicht und in alle Ewigkeit nicht, Rosa Dubarron!"—

Er hielt inne—überwältigt. Dann trat er noch näher an sie heran und mit, wie zum Gebet verschlungenen Händen, fragte er mit einer Weichheit, die im grellsten Widerspruche mit dem vorigen Hohne stand und deshalb um so unwiderstehlicher wirkte:

„Sprich, Mädchen! warum hast Du mir d a s gethan?"

Einen Moment zuckte es wie von unbeherrschbarer innerer Bewegung im Gesichte der Schauspielerin—einen Moment war es, als solle das Weib in ihr endlich die Oberhand über die Koquette behalten—jedoch nur einen einzigen Moment—dann fiel die Wagschale wieder auf die andere Seite. Sie lachte leise, aber schrill und unmelodisch auf, wiegte, gelangweilt scheinend, das Haupt von einer Seite zur anderen und lehnte sich noch behaglicher zurück, ja, sie lieh ihrer ganzen Lage einen Ausdruck solch' sybaritischen Wohlbehagens, welches auf Erden nichts wie materiellen Genuß anstrebte, daß Bartone so sehr darunter litt und sein Inneres derart empört wurde, daß er, zwischen den Zähnen knirschend, hervorstieß:

„O, Du Elende, Heuchlerin!—bist Du denn aus Lug und Trug, aus Lust und Sinnlichkeit allein zusammengesetzt und hast Du dort einen Stein, wo Menschen ihr Herz tragen?! Unselige—ich könnte Dich erdrosseln!!"

Er wandte sich hastig ab von ihr, als könne er ihren Anblick keine Sekunde länger ertragen, und preßte die mit kaltem Schweiß bedeckte Stirn auf den Marmor des Kaminsimms.

Eine teuflische Freude flog über ihre Züge, um im nächsten Moment schon einem Ausdruck verzweifelten Schmerzes Platz zu machen, und sie versenkte ihr Gesicht in beide Hände. Minutenlang hörte man nichts als den leisen Pendelschlag der Bronce-Uhr,—es war, als hielten Beide diese innere Einkehr, um sich für das Schwerste vorzubereiten.

Dann erhob sie sich, schritt ungehört zu ihm und legte ihre weiche Hand auf seine Schulter. Als Bartone aufsah, verstört und fragend, erblickte er ein königliches Weib neben sich stehen, an dem jeder Zoll majestätisch und stolz erschien. Ihre Züge waren blaß, aber hart und strenge, und der Ton der Stimme, mit der sie alsbald zu reden begann, war schneidig wie Stahl und kalt wie Eis:

„Sie klagen mich an, Bartone!—Sie! der gewissenlose Mann, der unter der Maske des Protectors sich einstahl in ein arglos vertrauendes Kinderherz, das Sie mit allen Mitteln, welche die Natur und ein leichtsinniger Charakter Ihnen lieh, an sich zu reißen strebten! Was kümmerte es Sie, daß Sie einer armen Waise den falschen Weg wiesen,—es half Ihnen ja für Ihre müßigen Stunden eine Lücke ausfüllen!—was kümmerte es Sie, daß es von diesem falschen Wege keine Rückkehr mehr gab, wenn sie sich Ihrentwegen compromittirt hatte?! Ah bah—an solche Nebensachen dachte der Grandseigneur eben niemals, wenn es galt, seine Leidenschaft zu befriedigen!"

„Still, unterbrechen Sie mich nicht!" gebot sie mit düster flammenden Augen, als er sie flehend ansah und den Mund öffnete, um sich zu vertheidigen: „diese Stunde ist mein, und auf sie habe ich geharrt mit nagender Sehnsucht in jenen Tagen, da Sie es versuchten, mich lieben zu lehren, wo doch die Liebe Verbrechen und Ruin ließ! Als ich es zuerst ausfand, daß Sie gegen die keuschen Erstlings-Blüthen einer Mädchenliebe nur eine sündige Leidenschaft bieten wollten, die Gesetz und Recht verboten, und die mich nur——besudeln konnte, da ist mir, bei Gott! das Herz gebrochen vor Leid und Gram!"—

Sie schwieg einen Augenblick, überwältigt von dem Schmerz jener Erinnerung. Allein stolzer erhob sich ihre Gestalt nur noch und verächtlich klang ihre Stimme, als sie schnell wieder anhob:

„Denn Sie hatten erzielt, Bartone, was Sie niedrig erstrebten— Sie hatten meine lebhaft empfindende Natur wirklich in Flammen gesetzt;—aber als ich es begriff, was Ihre Liebe mir bot, Verachtung und Hohn der Welt, und den Verlust jeden sittlichen Haltes in mir selbst—da starb auch jedes wärmere Gefühl eines plötzlichen, eines elenden Todes in meiner Brust und aus dem Autodafé, in dem ich

Vertrauen, Hoffnung und Liebesglück der Vernichtung preisgab, entstand der Phönix der Rachsucht. Ha!—wie ich Sie haßte!" stieß sie mit mächtiger Bitterkeit aus und ihre Hände ballten sich zusammen. „Es gab nur noch **einen** Lebenszweck, nur noch **ein** Ziel mehr für mich—Sie, Bartone—zu strafen, Sie endlich auf jenem glühenden Rost gebunden zu sehen, wo es Marter für Marter, aber kein Erbarmen gibt!"

„Sehen Sie mich nicht an, als sähen Sie ein Gespenst," unterbrach sie sich wieder, als er mit entsetzten Blicken, in denen seine ganze Schuld, aber auch seine ganze Liebe Ausdruck fand, vor ihr zurückbebte: „Was ich **bin**, haben Sie, **Sie** allein aus mir gemacht! Und wenn ich heute als Braut eines anderen Mannes vor Ihnen stehe, so schwöre ich Ihnen, daß ich ihm die Treue, die ich ihm gelobt habe, halten werde; —nicht etwa aus Prinzip;—o nein!—denn jedes bessere Wollen, jedes Pflichtgefühl ist damals mit meinem Herzen gestorben,— — sondern **nur** deshalb, weil **Sie** darunter leiden werden, Sie, dessen Seele mir jetzt verfallen ist für Zeit und Ewigkeit!!"

Wie eine Königin der Finsterniß, mit der dunklen Zorneswolke zwischen den Brauen, den Flammen der Entrüstung auf Stirn und Wangen, den trotzig aufgeworfenen Lippen, dem unheimlichen Glühen der Augen, stand sie dicht vor ihm und wies nach der Thüre mit stolzer Geberde:

„Jetzt wünschen Sie mir Glück—oder fluchen Sie mir—es ist mir gleichgültig, wie mir Ihr ganzes Sein geworden ist—nach der **Rache**! Und dann gehen Sie—sofort!—Sie kennen jetzt mich und sich selbst— gehen Sie zurück zu dem armen Weibe, dem Sie auch das Herz gebrochen haben, wie mir—das aber dennoch Gott und Sie nicht vergessen konnte,—wie ich!!!"

Bartone stand vernichtet vor seiner Anklägerin. Als sie geendet, hob er den Blick zu ihr, einen Blick voll Qual, wie ihn der tödtlich getroffene Eber auf seine Verfolger richtet,—allein sie zuckte nicht einmal mit der Wimper, sondern deutete kalt und unbewegt wie eine Statue von Erz nach der Thüre hin. Gesenkten Hauptes, unsicheren Schrittes, mit gebrochenem Stolz wankte er an ihr vorüber.

Was die Duldsamkeit einer edelen Frau nicht in Jahren er=
zielen konnte, das vollbrachte die Strenge einer Unwürdigen in einem
Augenblick— —sie zeigte ihm, wie **tief** er gefallen war!

Zehntes Kapitel.

Nach zwei Monaten schon fand eines Morgens früh Rosa's Ver=
mählung statt. In aller Stille, ohne alle Ostentation—so wollte es der
Mann, welcher jetzt schon wieder die volle Schwere seines Opfers
empfand, von der kein Mensch sonst eine Ahnung hatte. Aus erklärli=
chen Gründen war weder Bartone, noch Valerie zugegen, sondern nur
die Mutter und Schwester der Braut und ein Paoli befreundetes Mit=
glied der italienischen Gesandtschaft aus Washington.

Die Verlobung des vornehmen Ausländers hatte großes Aufsehen
erregt. Die verschiedene Lebensstellung Beider—der eben erst gesicherte
künstlerische Ruf, den sie hingab,—der alte Name, die großen Reich=
thümer, die hohe Bildung und die aristokratischen Verbindungen von
seiner Seite, erstaunten kaum mehr die Welt im Allgemeinen, wie es
den Bekannten unerklärlich blieb, daß die so gänzlich verschiedene
Charakter=Richtung Beider ein derartiges Bündniß zuließ. Man
muthmaßte tausend Ursachen, errieth aber nie die richtige.

Seit sie mit Paoli verlobt, war das Benehmen Rosa Dubarrons
frei von jedem Tadel gewesen,—allein schon fing die Sache sie zu lang=
weilen an,—und lange, das fühlte sie nur zu gut, ertrug sie die phi=
liströse Einseitigkeit eines Lebens nicht mehr, das nur ernsten, edlen Auf=
gaben, oder langweiligen, tendenziösen Gesprächen von Sachen gewid=
met war, die sie nicht interessirten. Was galt ihr Literatur und Poesie,
—die Malerei, Geschichte, oder schwärmerischer Kunst=Enthusiasmus?

Ihr Sehnen nach Entschädigung in den Vortheilen, die ihre neue,
zukünftige Stellung ihr bieten sollte, begegnete darum willig seinem
Wunsche, sie so schnell als möglich zur Marchese di Paoli zu machen,—
denn täglich ängstlicher fürchtete er sich vor der—Reue. Und wie er

sofort mit schweren Geldopfern als Entschädigung für Contractbruch
ihren Rücktritt von der Bühne erkauft hatte, so betrieb er mit gleicher
Hast wie sie, die Vorbereitungen zur baldigen Vermählung, der dann
eine mehrmonatliche Hochzeitsreise nach den Badeplätzen des Landes
folgen sollte.

Zwar war ihm bei alledem, als liege er unter einem Banne, der
ihm klares Denken verhindere, und als müsse doch noch ein ganz uner=
wartetes Ereigniß eintreten, das sein Opfer überflüssig mache. Dabei
dachte der Mann von Ehre aber keineswegs an Wortbruch—ihm schien
es nur ganz unmöglich, daß die Götter endgültig sein Verderben be=
schlossen haben könnten. Als aber der Tag immer näher kam, ohne
daß sich ihm eine plötzliche Erlösung bot, wurde er düsterer und nieder=
geschlagener, aber dennoch resignirter.

Wie er einst zu Valerien gesagt, so klang es, ihn selbst verhöhnend,
beständig in den Ohren wieder: „Die Resignation ist die höchste Tu=
gend des Kämpfers, der Alles verloren sieht, und dennoch aus Pflicht=
gefühl weiter kämpft bis zum Tode!" und genau so trieb es auch ihn
stets weiter voran auf der einmal betretenen Bahn.

Immer noch band ihn nicht das geringste Atom von Sympathie
oder von geistigem Verständniß an das Weib seiner Wahl—ja, die
Kluft zwischen ihnen hatte sich trotz ihrer Vorsicht und ihrer Verstellung
dennoch unausbleiblich vergrößert. Nur die Macht seiner inneren
Ueberzeugung, daß er recht handle, indem er dem Engel auf Erden,
dem er seine Liebe für alle Ewigkeit gewidmet hatte, in stiller, unaus=
gesprochener Treue,—den Frieden und das Glück zurückerkaufe, hielt
ihn aufrecht und kräftigte ihn.

Am Abende vor seiner Vermählung wandte er sich dem Hause sei=
nes Freundes zu, um Abschied von Valerien zu nehmen. Diese einzige
bittere Freude konnte er sich nicht versagen. Er wollte wenigstens auf
den Wüstenpfad seiner Ehe d i e Genugthuung mit hinwegnehmen,
daß s i e jetzt wieder auflebe, daß sie langsam, aber sicher den irrenden
Gatten zu sich zurückführe und Beide ein durch Schmerz und Prüfung
vertieftes und veredeltes Dasein, fortan für immer vereint, führen
würden.

Obschon er nicht Utopier genug war, um anzunehmen, daß die zuvor so wild bewegten Wasser jetzt schon die Ruhe und die Färbung des Himmels wieder angenommen haben könnten, so fand er Valerien doch anders, wie er gehofft hatte. Noch lag dieselbe rührende Mattigkeit um den blassen Mund, wie vor seiner Werbung um Rosa — — noch leuchtete aus den durchgeistigten Zügen nicht der Hoffnungsmuth, dessen verklärenden Wiederschein wenigstens er zu sehen erwartet — noch schien der Thau vergossener Thränen verrätherisch der langen, blonden Wimper einen erhöhten Goldschimmer zu leihen, und auch das Lächeln, welches ihr Willkommen begleitete, war sichtlich erzwungen und drang nicht aus dem Herzen.

„Sie kommen, theurer Freund, um meinen Glückwunsch einzufordern!" sagte sie voll Innigkeit und tiefer innerer Bewegung. „Er begleitet Sie überall im Leben, seien Sie dessen gewiß, denn mit Ihnen verlebte ich — — wir — — die glücklichsten Stunden u n s e r e r Ehe, und Ihnen wünsche ich deshalb vor Allem, daß die Ihre nur Sonnenblicke sehe. Zwar," setzte sie gedankenvoll hinzu, „ist die Ehe doch nicht immer der sicherste Weg zum Hafen des Glückes!"

„Das sagen Sie, meine Gnädige, die in Rom schon mir ewig von den Rosenfesseln Hymen's sprach?"

„Damals sah mein Kindes-Auge noch nicht die verborgenen Dornen, und wie ein deutscher Dichter so vielbedeutend singt:

Das ist im Leben häßlich eingerichtet,
Daß bei den Rosen gleich die Dornen steh'n— —"

sagte sie wehmüthig und zaghaft.

Er seufzte leise und strich sich gedanken-verloren über die Stirn hin: „Sie haben recht, Valerie — — nur erinnern Sie sich, wenn Sie Trübes erfahren, daß man vor Allem T a l e n t zum Glück haben muß, um das Glück an sich zu fesseln, und fast fürchte ich, S i e besitzen es nicht!"

„Ah! Glück ist ein so unklarer Begriff, Marchese, und ein so flüchtiger dazu, daß er kaum des Erhaschens werth ist. F r i e d e n ist m e h r; allein—damals, als der Fluch der ersten Sünde die Sorge gebar, ist er entwichen und wie ein Schattenriß den Begehrenden unfaßbar geworden; man jagt ihm ewig nach und er entweicht stets weiter fort, je näher man ihn wähnt,—bis er sich erst ge w ä h r e n d über das Antlitz der Sterbenden senkt!"

„Mein Gott—mein Gott, wie entsetzlich trübe Ihre Lebens-Auffassung ist, meine Freundin," rief Paoli erschrocken aus—„Sie haben kein Recht dazu. Wo sind Ihre Kinder? Damit Ihnen ihr Anblick zeigt, daß Sie h o f f e n müssen, später den Frieden zu finden—denn wo keine Schuld ist, sollte auch kein Raum für die Verzweiflung sein!"

Valerie sah ihn ernst an und sagte gedankenvoll:

„Wer unter uns ist ohne Sünde? Wenn mir Bartone's Wesen zeigt, daß ich ihn nicht verstanden habe, wenn die „Dornen" der Ehe mir die Seele wundritzen—da fühle ich es, daß ich nicht frei von Schuld bin, daß mein, jeden pikanten Reizes baares, nüchternes Thun und Treiben ihn nicht fesseln kann—daß mein Dulden ihn empört und mein stilles Hindämmern in häuslichen Kleinlichkeiten ihm unerträglich wird—und doch!— — ändere ich es nicht, doch m a g ich es nicht ändern, denn es ist nun einmal meine Natur!

Ihre Stimme erstickte in Schluchzen.

Er stand überwältigt da—niemals zuvor hatte sie ihm einen Einblick in ihr Inneres gestattet— —warum heute?—heute, wo er der Kraft so sehr selbst bedurfte,—um— — — Er faßte sich gewaltsam, ergriff ihre Hand und streichelte sie beruhigend, wie man es wohl einem aufgeregten Kinde thut. So saßen sie sich sprachlos, aber tief bewegt minutenlang stumm gegenüber.

„Valerie," sagte er dann leise und wurde sich dabei plötzlich bewußt, daß er sie nie vor diesem Tage mit solcher Vertraulichkeit angeredet hatte: „Sie m ö g e n das einfach deshalb nicht, weil es Freveln gegen Ihre Individualität wäre, und Sie würden nicht Valerie sein, wenn Sie es versuchten;—nicht jenes W e s e n, das Bartone einst vor Allen bevorzugte und erwählte. Nein!—versuchen Sie n i e, etwas Anderes zu sein, wie Sie sind — — nur indem er seine Individualität aufgibt, wird der Mensch verächtlich und er wird dann auch nie den Erfolg erringen, den nur das aus eigenster, tiefster Seele Kommende erringen kann!"

Valerie hörte ihm andächtig zu; ihr war, als zeige ihr Jemand den rechten Weg, den sie immer wo anders gesucht, als da, wo er wirklich lag. Nachdem Paoli geendet, fühlte sie wieder neuen Muth und heiterer lächelnd, wie zuvor, erwiederte sie:

„Ich bin nun leider einmal vor Allem eine unglücklich angelegte Natur, mein Freund! Nicht wahr, das müssen selbst Sie zugestehen? Denn das allein beweist es ja schon, daß mich mondenlang ein tolles Hirngespinst der Eifersucht fast zu Tode hetzte; und nun?—nun im gewöhnlichen Lauf der Dinge Bartone überhaupt ernster und älter wird, von zunehmenden Geschäfts=Sorgen vielleicht geplagt, düster und unruhig auch andere Probleme des Lebens, als die der Ehe schwer zu lösen findet,—nun plagt mich von Neuem eine Sorge— —"

Sie stockte und er fragte besorgt und liebevoll: „Und diese Sorge heißt?"

„Der Zweifel!! Zweifel an Allem, was vormals unerschütterlich über ihm stand," sagte sie leise und Paoli zitterte, denn seine eigene ganze Zukunft stand ja wie ein großes Fragezeichen vor seiner Seele und Alles in ihm und um ihn war Z w e i f e l.

Valerie fuhr unsicher fort: „Ich kann nicht ergründen, was Felix fehlt, so sehr ich auch danach trachte. Düster, wortlos schleicht er um= her, meidet die Menschen, sieht abgezehrt und krank aus, und leugnet dennoch, daß er leidet. Es ist eine gewaltige innere Mißstimmung, die ihn umgestaltet, so sehr, daß selbst seine sonst so leicht in Heftigkeit aus= artende Lebhaftigkeit des Temperaments ihn verlassen hat und die Kinder und ich ihm einfach eine — — Last sind, die ihn genirt. Er flieht uns, und wo er uns nicht ausweichen kann—da— —"

Sie konnte die Anklage gegen ihn nicht weiter vollenden. Paoli saß starr—dieser Mensch war und blieb ihm doch ein peinigendes Räthsel. Wie konnte es denn möglich sein, daß seine Verblendung so weit ging, noch immer nicht den Werth dieser reinen, edlen Frauen=Natur über die sinnlichen Reiz jener üppigen Circe zu stellen, die er ihm ja doch so weit entrückt hatte? Unerhört und unglaublich erschien es und doch!

Der Marchese erhob sich, ging einigemal nachdenklich im Zimmer auf und ab, ehe er ihr auf den Schmerzensschrei ihrer Seele antwortete.

„Valerie," sagte er dann sehr weich: „Ihre ideale Geistes=Richtung ist Ihr größter Feind! Sie müssen die realistische Seite des Lebens anders betrachten, wie die Jugend=Träume Ihrer Einbildung. Ein Männer=Charakter ist unberechenbarer und weitstrebender, als der der Frau, die ewig im kleinen Kreise ihrer Pflichten, ihres beschränkteren Leistens steht, und da nur zu oft das Maß verliert für größere, um= fassendere Verhältnisse. Der einzige richtige Compaß in den Stürmen des Lebens ist aber doch ewig und immer die L i e b e — jene Liebe, die verzeihen und Opfer bringen kann; — und deshalb, meine Freundin! sage ich Ihnen zum Abschied nur, verzagen Sie n i e! Harren Sie aus — lieben Sie treu und innig, und Sie laufen endlich doch schon auf Erden in jenen Hafen des Friedens ein — — den Sie heute noch nicht finden können!"

Sie hörte ihm mit tiefem Interesse zu.

„O Paoli—Sie wollen schon gehen?" rief sie plötzlich erschreckend aus, als sie sah, daß er sich jetzt zum Abschiede rüstete: „Ich habe Ihnen ja all' die herzlichen Wünsche, welche meine Seele für Sie hegt, noch durch kein einziges klares Wort ausdrücken können! Mein Gott! wie egoistisch ich gewesen bin,—verzeihen Sie mir, mein Freund— —"

Er unterbrach sie lächelnd: „Als ob es zwischen uns der Worte be= dürfte, Valerie!" und dann ergriff er ihre Hände, die sie ihm in mäch= tiger Gefühls=Bewegung darbot, hielt sie fest und sah ihr tief, sehr tief in die schönen Augen.

„O, würde ich um d i e s e s Weib, wie viel glücklicher würde ich sein!" schrie es auf in seiner schwer verstimmten Seele.

Und noch einmal umspannte sein Blick mit unaussprechlicher Zärt= lichkeit die Gestalt der Geliebten. Es war ihm, als nehme er Abschied auf immer von ihr, und eine Thräne verdunkelte ihm das Auge, wäh= rend er an ihre beiderseitige Zukunft dachte.

„Wenn mein Opfer seinen Zweck erreicht und sie wieder glücklich wird, dann will ich mich gern bescheiden, will bis an's Ende meiner Tage in lichtloser Wüste wandeln ohne Klage! Wenn aber n i c h t— dann gnade uns Beiden Gott!"

Es durchrieselte ihn ein kaltes, schattenhaftes, unbestimmtes Grauen.

Valerie aber fühlte in dieser Minute, als ob der Freund da vor ihr seinem Verderben entgegenschreite und ihr Blick umschleierte sich ebenfalls feucht, ja ihre Lippe bebte, ohne doch Worte finden zu können, um ihn zu warnen. Die Bewegung überwältigte Beide gänzlich.

„Beten Sie für mich, Valerie!" flüsterte er endlich kaum verständlich und beugte sich dichter über sie. Es schien ihr, als streife ein flüchtiger Hauch ihre Stirn momentan—und dann—als sie schüchtern und verwirrt aufzublicken wagte— —war Paoli verschwunden.

Sie hatten sich zum letztenmal auf Erden gesehen.

Am nächsten Morgen wurde der unselige Bund geschlossen, der Paoli nach den Satzungen seiner Kirche für's ganze irdische Leben an ein Wesen fesselte, das ihm doch innerlich fern und fremd stand.

Und gerade in jener Minute, als der Priester das ewig bindende Wort aussprach, kam über Paoli erst recht der ganze Jammer seines Verhängnisses,—denn kalt, gleichgültig, ohne jede Spur von Bewegung war ja selbst in dieser Stunde die schöne Braut an seiner Seite geblieben. Thaufrisch, rosig und lächelnd stand sie da, als gelte es nicht die Pflichten einer ernsten Lebens-Zukunft auf sich zu nehmen, sondern etwa nur die nichtssagende Form einer gesellschaftlichen Regel zu erfüllen. Klar und deutlich sprach sie das „Ja"; kalt und kühn sah das dunkle Augenpaar den Priester dabei an, und wie Unmuth flog es sogar über ihr blühendes Antlitz, als ein rascher Seitenblick ihr die große, innere Bewegung des Mannes an ihrer Seite verrieth. Während sie sich anschickten, die Kirche zu verlassen, fand Paoli keine trivialen Worte, wie er auch keiner **herzlichen** Herr war, obschon er eben doch sich zu dem festen Entschluß durchgerungen hatte, was es ihn auch immer kosten möge, treu und gewissenhaft seine Pflicht gegen das schöne, kalte Weib an seiner Seite zu erfüllen. Sie aber vermochte sogar in dieser Minute zu scherzen—bis ihr plötzlich das Wort auf der Lippe erstarb und ein leises Zittern sie durchschüttelte.

Erstaunt blickte Paoli zum erstenmal, nachdem sie die Seine geworden war, zu ihr nieder und gewahrte, daß ihr Blick ebenfalls urplötzlich verschüchtert, den Boden suchte.

Ehe er nur nach der Ursache forschen konnte,—stand, wie aus dem Boden gewachsen, Bartone dicht vor ihnen, Bartone mit einem Antlitz, so blaß, so unbewegt und doch so verzerrt, daß Paoli unwillkührlich davor erschreckend um einen Schritt zurückwich.

„Wie kommt es nur, Marchese," sagte er mit schneidender Bitterkeit: „daß Sie mich zur Hochzeit zu laden vergessen haben, mich, den Freund und Beschützer Ihrer Erwählten? Ah! Sie thaten Unrecht, sehr Unrecht, dünkt mich! aber"—mit einem sarkastischen Auflachen, das schrill und hohl von den Wänden wiederhallte und doppelt fremd in den geheiligten Räumen lautete, setzte er hinzu: „ich bin nicht rachsüchtig, wie Sie sehen, und komme auch ungebeten mit den aufrichtigsten Glückwünschen, die ich hiermit Ihnen und der neuen Frau Marquise unterthänigst zu Füßen lege!"

Sein Blick hing dabei fest und anklagend an der Braut, und als sie den ihren endlich wie gezwungen wieder erhob, schnellte sie zurück, als wenn ein glühendes Eisen sie versengt habe, und doch verurtheilte sie sich zu der Antwort: „Ich danke Ihnen!" Aber ihre Stimme klang trotz Allem und Allem rauh und undeutlich, und die Lippe versagte ihr das Lächeln, welches sie heraufbeschwören wollte, und bebte statt dessen sichtlich.

Paoli entging das nicht. Er faßte sich jedoch zuerst wieder und im Tone conventioneller Rede äußerte er eine kalte Entschuldigung und den Dank für die Gratulation. Dann schritt er, nach leichtem Gruß, mit festem Schritt an ihm vorüber, und entzog die schweigsam gewordene Braut dem Banne, dem Bartone's Erscheinen sie überlieferte. Düster und drohend blickte ihnen Dieser nach, während seine Rechte sich fest ineinander ballte und die schmalen, fest aufeinander gepreßten Lippen krampfhaft zuckten und arbeiteten.

Als der Wagen seinen Blicken entschwand, wandte er sich nach anderer Richtung und knirschte leise hervor:

„Eh bien! Warten wir geduldig das Ende dieser Farçe ab!"

Elftes Kapitel.

Die Flitterwochen? was können sie geistigen Antipoden, wie Paoli und Rosa es waren, bieten? Sie vergingen, wie sie gekommen, ohne Liebe, ohne Verständniß, ohne jenen süßen Hauch der schöneren Welt, der den Glücklichen, die sich lieben, in dieser Zeit aus der Erde ein Eden macht.

Grau in grau erschien Paoli das Leben—rosenroth hingegen dem Schmetterlinge, den er sich erhascht, und der leicht beschwingt seine Existenz vergaß im tollen Fluge nach den Giftblumen fashionablen Treibens. Das junge Ehepaar war über Niagara nach Saratoga gereist, um dort den Sommer zu verbringen. In Niagara schon, wo die poetische Natur Paoli's zum vollsten Durchbruch kam in dem Enthusiasmus, den das gewaltige Natur=Schauspiel auf ihn machte, so sehr, daß er selbst darüber vergaß, wer es war, der ihn begleitete,—riß ihn einmal der Zorn hin, ihr, ganz außer sich gebracht, durch die Unempfänglichkeit ihrer Seele entrüstet, zu sagen:

„Weib—begreifst Du denn bei dieser allgewaltigen Sprache der göttlichen Urkraft nicht einmal, daß der menschliche Mund hier verstummen und der menschliche Geist demüthig anbeten muß?!"

Sie hatte ganz unberührt von dem Geschauten mit dem Fächer in ihrer Hand getändelt und dann erzählt, wie sie in einem der Bazare im Dorfe einen anderen gesehen, der genau zu ihrem geblümten Ballkleid passe, wenn er nur blaue statt der weißen Federn gehabt. Ungehört und unbeachtet, wie das Geräusch von einem der Millionen Tropfen, die sich beständig den Felsen hinab wälzen, war ihr Gerede verklungen, und erst als sie gewagt, den in vollständiger Verzückung versenkten Mann brüsk an ihre unliebsame Gegenwart zu erinnern, indem sie ihn ungeduldig mit dem Spitzenfächer auf die Schulter schlug und mit gerunzelter Braue äußerte: „Nun so sage mir doch endlich, Francesco, ob es nicht durchaus mauvais genre ist, einen verschieden=farbenen Fächer mit der blauen Robe zu tragen?"—da hatte sich seine Entrüstung einmal volle Bahn in jenem Ausrufe gebrochen, der den ganzen Jammer seines Innern bloß legte.

Es überraschte sie das sichtlich. Er pflegte sonst niemals heftig zu werden; höchstens zeigte er durch seine Zerstreutheit, wenn sie ihn langweilte. Sie sah ihn deshalb jetzt auch groß an, und als sie seine tiefe Verstimmung gewahrte, zuckte sie blos die schönen Schultern, lächelte verächtlich und nahm sich vor, ihn nächstens allein durch die brennende Sonne ziehen zu lassen, „um das langweilige Wasser anzustarren."

Und während Paoli's zart empfindende Natur sich also stets von Neuem wund rieb an der Kette, die zu tragen er nicht so schwer gewähnt, und während seine Gewissenhaftigkeit ihn immer wieder antrieb, in der Brust des ihm angetrauten Weibes unermüdlich nach dem besseren Keime zu forschen, der sie ihrer Frivolität entreißen und sie menschenwürdigeren Zielen zuführen sollte,— erregten die Beiden in der Gesellschaft, der sie angehörten, das entschiedenste Aufsehen. Ueberall wunderte man sich über diese Ehe,—überall konnte man es nicht begreifen, wie gerade diese extremen Naturen sich angezogen. Der ernste Mann mit der melancholischen Miene, der selten lächelte, und das flatterhafte, ewig ruhelose, nach Vergnügen hastende Weib, schon im Aeußeren so unendlich verschieden, waren im Wesen und Sein ja geradezu Gegensätze.

Sie kostete übrigens den Kelch vollsten Lebens-Genusses bis zur Neige und war in einen beständigen Rausch tollster Lust und Freude versunken. Von einem Vergnügen zum anderen, von Morgens bis Abends nur bedacht, sich zu amüsiren und zu schmücken, befriedigte sie jede Laune, jeden Wunsch, und schwelgte im Reichthume ihres Mannes, wie ein hungeriges Kind am Stück dargereichten Kuchens schwelgt. Toilette, Bälle und andere triviale Genüsse befriedigten sie und füllten ihre Seele gänzlich aus. Wenn er ohne Murren und ohne den Widerwillen, den er ob ihres Treibens empfand, auch nur durch einen Blick zu verrathen, ihr folgte und sie überall hin begleitete, damit die vollständigste Freiheit nicht den Hang ihrer zügellosen Natur zu Excentritäten befriedigen könne, so geschah das nur aus Pflichtgefühl und aus Rücksicht für seinen alten Namen. Keine Spur von Sympathie, kein auch noch so geringes harmonisches Ineinandergreifen ihrer Auf=

fassungen, kein weiches Nachgeben der einen Individualität gegen die andere, herrschte zwischen ihnen. Er duldete sie nur und sie beutete ihn einfach aus.

Sie überstrahlte bald Alle mit dem Glanz ihrer Toiletten, und ob sie auch unzart Forderung über Forderung an ihn stellte, er wies sie niemals damit ab. Nein! mit sarkastischem Lächeln stellte er ihr seine Mittel sogar ganz unbegrenzt zur Verfügung, mit einem Lächeln, das zu sagen schien:

„Geh'—nimm Alles hin!—Alles—nur meine Liebe nicht—und auch nicht meine Achtung, denn die kann niemals ein Weib von mir begehren, das seine höchsten Aspirationen im eitlen Tand begräbt! Nimm es hin,—verstreue es meinetwegen in die Winde—amüsire Dich wie Du willst—nur verlange nichts Anderes von mir!"

Und sie folgte Dem willig. Es schien ihr nicht blos gleichgültig—nein, geradezu bequem, daß sie ihm nichts war,—das würde sie ja sonst auch nur im tollen Laufe nach Lust, Auszeichnung und befriedigter Eitelkeit gehindert haben. Besser so. Sie konnte ungestört genießen, sich berauschen in Vergnügungen, sich versenken im Bewundern der eigenen Schönheit, die Seide und Sammet, Perlen und Spitzen viel leuchtender gestalteten, wie es je die armseligen Lampen der Bühne vermocht hatten. Und ihr Herz?—Nun, Bartone hatte ihr ja schon einst anklagend zugerufen, daß sie keines habe, und es erschien das in der That täglich richtiger und wahrer;—jedenfalls besaß sie keines für den edlen Mann, dessen Namen sie trug, und dessen Seele in den ersten Tagen nach ihrer Vermählung umsonst getreulich Alles versucht hatte, um seine Pflicht zu erfüllen und ihre bessere Natur zu wecken. Aber bald gab er das auf, als vollkommen nutzlos. Schon nach den ersten Wochen ihrer Ehe schrieb er an Fiorelli:

Saratoga.

Freund meiner Seele—Du mein anderes „Ich", dem ich vertraue jeden Gedanken, jedes Gefühl, die in mir aufwärts streben,—fürchte nicht, daß je ein Weib zwischen uns treten könne, das mir mehr sei, wie Du, in treuer Freundschaft, in starker Sympathie, im Austausch innigen Verständnisses.

Ich habe das niemals selbst geglaubt. Zwar—als ich im Hochgefühle eine edle That, ein Opfer vollbracht zu haben, indem ich mein Glück dem Glücke der Einzigen nachstellte, die mir, f r e i ! hätte werden können, was Dante seine Beatrice, Petrarca seine Laura wurde,—da wähnte ich momentan wohl, daß das Schicksal mir Revanche schulde, und mir vielleicht in dem angetrauten Weibe ein besseres und edleres Wesen biete, wie ich in ihr vermuthete, da ich um sie warb.

Allein ich war darin, wie in so vielem Anderen, eben wieder ein unverbesserlicher Schwärmer. Obschon ich ehrlich strebte, in Rosa's Seele jene weiche Stelle zu entdecken, die jedes Weib besitzen soll, und die richtig behandelt, zum Grundzuge ihres Wesens werden muß, auf dem die L i e b e wohlthätig einwirken und eine ganze wohlthuende Aenderung der Charakter=Richtung erzielen kann,—ich habe sie doch n i c h t gefunden. Es ist Alles Stein an dieser Natur, schöne vollendete Form vom Scheitel bis zur Sohle,—aber, obschon sinnliche Leidenschaft sie zum Vulkan umgestalten kann, die S e e l e bietet doch ewig nur todte Lava,—grau und kalt und gehaltlos'!

O Fiorelli!—hat der Schöpfer es wirklich vergessen, ihr seinen Odem einzuhauchen?—oder straft er mit solcher geistigen Leere nur die Sünden entschwundener Generationen, indem er langsam sich gestalten läßt, was da wird aus der Vernachlässigung der höheren Elemente in der menschlichen Natur? Ein Geschöpf von Fleisch und Blut allein, mit voller Ausbildung animalischer Instinkte, ohne jede Spur von Verständniß für die Gesetze der Ethik, der Pflicht und der Liebe?—Du wirst lächeln, Du denkst ich übertreibe auch hier,—nun wohl, Freund, wenn Du, wie ich hoffe, Deinen Entschluß ausführst, hierher zu kommen, um den an Dich gestellten Auftrag auszuführen,—so urtheile selbst. So sag' mir d a s, was ich trotz allen Grübelns nicht enträthseln kann, w a r u m mir eigentlich diese mensch=gewordene Venus Liebe log?—warum auch ihre reinere, edlere Schwester mich betrog, indem sie mir vorstellte, daß Rosa besser wäre, wie sie sich zeige und in meinen Armen sicher geborgen sein würde vor dem Zurücksinken in ihre unedlen Eigenschaften?!—sag' mir, wozu diese Lüge? Was war nur der Grund dieses verfänglichen Irrthums einer unbetheiligten Dritten?

Zuerst nach meiner Verheirathung fühlte ich sogar, als müsse ich es an Rosa sühnen, daß ich sie über die Motive meiner Werbung um sie im Dunkeln gelassen und ihre Liebe hingenommen habe, ohne die meine dagegen bieten zu können.

Allein ich fand sehr schnell aus, daß diese „Liebe" ihrerseits gar nicht existire, trotzdem sie es früher für gut gefunden, mich dies glauben zu machen — denn Blanche's Worte allein hätten doch wohl schließlich zu zu wenig Gewicht bei mir gehabt, um mich zu vermögen, ihr meine Hand zu bieten. Und so standen wir uns denn wenigstens gleich-berechtigt gegenüber, gleich-berechtigt, uns **glücklich** oder **elend** zu machen.

Sie scheint das Erstere zu sein und ich das Letztere. Gründlich angewidert vom zwecklosen Leben, das ich hier führe — — als Mann meiner Frau!—erfaßt mich oft die Verachtung meiner selbst und eine wilde, gewaltige Sehnsucht, im Lethe für ewig Vergessenheit zu trinken,—Vergessenheit all' der elenden Erfahrungen, welche die „neue Welt" mir aufgezwängt hat! Freund meiner Seele, mich verlangt es gewaltig nach diesem Lethe, denn D e r ist nicht beweinenswerth, der mit todtmüdem, wundem Herzen untertauchen kann in die dunklen Fluthen, um allem menschlichen Elend für immer zu entrinnen,—aber Der ist wahrhaft elend, dem man es verwehrt und den man weiter „l e b e n" heißt!—

Und dennoch—das Leben ist so schön! nur muß man es von der H ö h e ansehen dürfen, und wehe Dem, der allein nur seine Tiefen schaut, —in ihnen wüthet oft der Föhn der Hölle!

Adieu, mein Freund; ich wünschte, ich säße eingemauert in Deinem Atelier und dürfte zwischen Deinen Schöpfungen und meinen Jugend-Idealen das Ende meines Lebens verträumen!

Paoli.

Fiorelli erhielt diesen Brief erst nach Monaten; denn schon schaukelte das Schiff, das auch ihn nach den Gestaden der neuen Welt führte, auf den Wellen des Oceans. Er hatte, gedrängt von einer, seiner kräftigen Natur stets eigen gewesenen Reiselust, den Antrag eines Handelsfürsten New York's, seine Familie zu modelliren, angenommen, weil es ihn zugleich wie mit unsichtbaren Banden dorthin zog, wo der schwärmerische Idealist Paoli, sein liebster Freund, so blindlings sich ewig bindende Fesseln anlegen lassen wollte. Noch glaubte er früh genug zu kommen, um diese unselige Verbindung zu verhindern, denn da ihn auch die kurz vor Paoli's Verheirathung hingeworfenen Zeilen desselben nicht mehr erreicht hatten, so wußte er nichts von der Hast und Ueberstürzung, die Dieser in Bezug auf das vermeintliche Opfer seiner selbst gezeigt.

Ebenso ahnte Paoli nicht, daß Fiorelli den Antrag überhaupt angenommen habe und so bald abgereist sei, da Dieser ihn nicht davon benachrichtigt hatte, weil er ihn zu überraschen gedachte. Und so lebte er denn während der Sommer-Monate bald hier, bald dort mit der schönen Frau, die aber immer wieder nach Saratoga zurückstrebte, denn dort feierte sie ihre größten Triumphe, dort fand ihre Schönheit die glühendste Bewunderung. Ein Blick auf sie, die in der glänzendsten Toilette von der Welt, besonders Abends im Ballzimmer strahlte und mit dem vollsten Behagen einer leichten, sorgenfreien Existenz und jener Sicherheit auftrat, die Rang, Geld und sociale Stellung geben, wie sie sieges-bewußt, schönheits-stolz mit allen Vorzügen Koquetterie trieb, welche die Natur ihr gegeben, und mit dem leicht-beschwingten, allen tieferen Gehaltes baaren Wesen besonders die Männer entzückte, genügte ihm jetzt, um immer wieder sich zu gestehen:

„Mein dummer Kopf suchte nach der Lösung, warum dieses Weib mir eigentlich Liebe log?—et voilà! Erkauft mit schnödem Mammon—erkauft, wie nur je eine Circassierin mit Golde erkauft wurde! Elend, schmählich erkauft!"

Und dann brannte wohl in seinen Augen eine düstere Lohe und um den Mund legten sich dabei bittere Falten. Die Welt aber, wenn sie dergleichen beobachtete, spöttelte höhnisch lächelnd: „Er ist eifersüchtig wie Othello, der interessante Italiener."

Er aber störte sich nicht daran und kümmerte sich anscheinend ebenso wenig um Alles, was man über ihn sprach, wie um Rosa's Thun und Lassen überhaupt, das ihm vollständig unverständlich und unsympathisch blieb. Nur dann erwachte er aus seinem Gleichmuth und wurde ihr ein ebenso strenger, wie unerbittlicher Richter, wenn sie einmal wagte, die Grenze, welche das Anstands-Gefühl jeder verheiratheten Frau zieht, zu überschreiten. Es half ihr da nichts, daß sie trotzig an der Kette zerrte und im ungezügelten Zorn sich auflehnte gegen die feste Hand des Bändigers,—er siegte jedesmal, denn wie ein Felsen von Granit stand der Stolz des wahrhaft adeligen Gatten vor jeder Extravaganz, vor jeder geplanten Ausschweifung und vor jeder Mißachtung strengster Sitte. Er hatte ihr seinen Namen zwar gegeben—aber entehren sollte sie ihn nicht, so lange er es hindern konnte.

So waren fast drei Monate vergangen—Monate, von denen Paoli's Schwärmer-Seele hoffte, daß sie mit ihrer ihm schwer genug gemachten Strafe wenigstens den Frieden endlich für des Freundes Familie zurückerkauft und Heilung für Valeriens wunde Seele gebracht hätten. Er hörte nur selten von Bartone. Kurze, fast im Lapidarstyl verfaßte Noten hatten ihm zwar mitgetheilt, daß Valerie wohl sei— mehr nicht. Allein das genügte schon, um ihn mit jener beseligenden Freude zu erfüllen, welche eine edle That uns gibt, und diese allein ließ ihm ausreichende Kraft, das selbst auf die eigenen Schultern geladene Kreuz geduldig und ohne Murren weiter zu tragen. Die Zeit mußte ja schließlich endlich Alles wieder gut machen, was nicht das Herz, wohl aber das heiße Blut des Freundes gesündigt hatte.—

Eines Tages, als das junge Paar sich schon zur Abreise von Saratoga rüstete, erschien Rosa so eigenthümlich erregt, so ausgelassen lustig, daß es selbst ihr Gemahl gewahrte, der sonst ihre ewig wechselnde Laune durchaus unbeobachtet ließ und nie nach deren Ursache forschte.

„Du hattest Briefe von Baltimore, mein Kind?" sagte er freundlich. „Was schreiben Dir denn eigentlich Mutter und Schwester so Amüsantes, daß es Dich derartig belustigt?"

Sie lachte gezwungen.

„Nichts Neues," erwiederte sie, die Lippen spöttisch verziehend und den Kopf mit einer hochmüthigen Bewegung, die den fein=fühlenden Mann unangenehm an das Theater erinnerte, in den Nacken zurückwerfend: „nur die alte Geschichte, daß die Welt sehr neugierig ist, wie unsere Ehe ausfällt, und meinen Rücktritt von der Bühne bedauert, als einen Fehlgriff, den ich früher oder später bereuen würde— —"

„Da sei Gott für!" fiel ihr Paoli so ernst in die Rede, daß sie ihn mit erstauntem Blicke maß und dachte:

„Wahrhaftig—er liebt mich dennoch!"

Hätte sie ihn aber richtig verstanden, wie er nur an seine Familie und auch nicht im Entferntesten an sie dabei dachte,—sie hätte vor Scham erröthen müssen, wenn ihr das überhaupt noch möglich gewesen wäre. So aber erhöhte sich ihre fieberhafte Lebhaftigkeit nur und lachend fuhr sie fort: „Es ist doch hübsch, wenn man vermißt wird—und sei es auch nur auf der Bühne. Man fühlt dann erst recht seine Bedeutung im Leben!"

Er erwiederte ernst: „Mir scheint es aber jedenfalls wünschens=
werther, von Einzelnen, als von der Masse entbehrt zu werden!"

Sie maß ihn nur mit spöttischem Seitenblick und zog verächtlich die
runden, decolletirten Schultern empor. Wenn er nicht zu Boden ge=
sehen hätte, sondern in ihr Antlitz, so müßte er die dämonische Freude
gewahrt haben, die jäh und wild in ihrem Auge auflohderte, ehe sie, wie
sich besinnend, die lange Wimper schnell wieder über die verrätherischen
Sterne sinken ließ; es nützte ja nichts, sich ganz unnütz seinem Arg=
wohn auszusetzen.

Man fand sich vor der Thüre des Ballsaales in diesem Moment,
denn das war der Wallfahrtsort, den die kleinen Frauenfüße beständig
aufsuchten, und wo Erlösung vom „Joch der Tugend", wie sie spöttelnd
ihren Courmachern sagte, ihr die Mühen des Tages lohnte. Hier war
sie in ihrem Elemente, wie der Schmetterling im Sonnenlichte.

Paoli tanzte nie. Auch jetzt ließ er willig seine Frau sich am Arme
eines der vielen Bewunderer, die sich sofort, wenn sie sich zeigte, um sie
sammelten, in die hochgehenden Wogen des Tanzes stürzen, und sah
ihr nur gleichgültig nach. Sein Geist weilte eben nicht bei ihr, sondern
anderswo, denn er hatte mit offenen Augen, mitten in fashionabler
Gesellschaft zu denken und zu träumen gelernt, seit es seine Lebens=
Aufgabe geworden war, trotz irgend welcher Inclination dort fast seine
ganze Zeit zubringen zu müssen. Ein Mensch seines Schlages kann
sich ja nie heimisch auf dem Parquet eines Tanzsaales fühlen.

„Marchese di Paoli—rathen Sie!" flüsterte ihm plötzlich eine hör=
bar verstellte Stimme in's Ohr, während sich eine kräftige Männer=
hand über seine Augen legte.

Paoli, der ein wunderbar scharfes Ohr besaß, erkannte, auf's
Freudigste überrascht, die erstere dennoch sofort, und mit jubelndem
Tone rief er, die fremde Hand mit der seinen fortziehend und sie herz=
lich drückend, aus:

„Fiorelli, Freund!! es gibt nur eine Stimme auf Erden, wie
die Deine, die mein Herz so genau kennt, wie mein Auge diese Hand
voll Kraft und Biegsamkeit!"

Die Freunde sahen sich Aug' in Auge. Beide waren zu bewegt im ersten Moment, um reden zu können, und drückten sich nur stumm wieder und wieder die Hände; die Freude des Wiedersehens überwältigte sie vollständig. Dann schob Paoli seinen Arm in den des Freundes, als er bemerkte, daß man in seiner Umgebung auf sie aufmerksam wurde, und da ihm, wie jeder sensitiven Natur, Aufsehen zu erregen, unangenehm war, so zog er ihn mit sich hinaus auf die grün-umlaubte Veranda. Im fernsten Winkel derselben schob er Sessel heran, reichte dem Freunde sein Cigarren-Etui, und nachdem Beide sich gemüthlich ausgestreckt und die duftende Havanna angezündet hatten, hielt er nicht mehr länger an sich und rief neugierig aus:

„Freund, bei allen Göttern Griechenlands! noch fasse ich es kaum, daß Du wirklich hier bist—Du, mein Pollux—Du, der Hohepriester im Tempel meiner Gefühle,—Du— —"

Fiorelli, ein großer, schöner Mann mit geistreichen Zügen, in denen der Humor vorherrschend war, und dem freundliche Gutmüthigkeit ein sympathisches Gepräge gab, unterbrach ihn lachend: „Um Gotteswillen, Schwärmer, halte ein!! Im Lande des praktischsten Zeitgeistes des neunzehnten Jahrhunderts sagt man kalt: "How do you do?" und läßt alle Götter im Grabe ruhen! Wie ich herkam? Auf den Flügeln, die Seekrankheit der Verzweiflung leihen, und bei'm Zeus! ernüchtert um Vieles von der pflichtschuldigen Schwärmerei für das Meer, die ich nach Deinen Berichten mitbrachte und künstlich aufrecht zu halten, ehrlich bestrebt gewesen bin. Allein es ging nicht, und seit Neptun mit mir so widerlich verfahren, kann die ganze Göttersippe meinetwegen zum Teufel gehen!"

Paoli lachte.

„Es gibt doch nur einen Fiorelli auf Erden, einen kühlen Spötter, der sich ewig gleich bleibt, ob der tiefblaue Himmel Italiens über ihm lacht, oder die hellste Sternen-Nacht Amerika's ihn bestrahlt! Doch— weshalb schreibst Du mir nicht von Deiner Ankunft,—weshalb gönntest Du mir nicht zuerst die Freude, Dich erwarten zu dürfen?"—

„Weil ich kindisch genug war, den neugebackenen Diplomaten in der ganzen Würde seiner gewichtigen Mission heimlich belauschen zu wollen,—welcher Vorwitz mit einer unnützen Reise nach Washington bezahlt werden mußte. Vor acht Tagen dampfte ich wenige Meilen von hier vorüber, denn via Niagara eilte ich nach dem neuen Rom, dem Capitol, wo ich Dich zwischen den Vätern des Landes in Ausübung Deiner schweren Pflichten zu finden dachte. Allein pro virtute felix temeritas! Eine Wahrheit, die ich auch auf Dich besonders, Paoli, angewandt fand. Doch, a propos, wo ist denn eigentlich Deine schöne Frau?—die neugebackene Marquise?" setzte er jetzt an sie erinnert, hinzu mit merklichem Spott.

Paoli hatte sie in der That ganz vergessen.

„Du weißt demnach?— —" fragte er zögernd.

„Nun ja!" unterbrach ihn Fiorelli trocken, „ich weiß ganz genau, daß ich zu spät kam, um Dich vor einer Dummheit zu bewahren! Uebrigens habe ich keine große Sehnsucht Deinen Paradies=Vogel zu sehen, denn ich weiß ohnehin, daß das „Paradies" auf Erden, von dem Du, Schwärmer, stets geträumt hast, seine Schla— Pardon! seine Eva wollt' ich sagen, gefunden hat!"

Paoli seufzte, schlug das Auge nieder, um dem prüfenden Blicke Fiorelli's zu entgehen, und erhob sich dann, um sorgenvoll durch eines der Fenster des nahen Ballsaales zu sehen.

Da flog sie hin, schön wie ein Bild, Lebensgluth und Lust auf den Wangen, Frivolität lächelnd um die Lippen und in den Augen—ganz die Sinnenlust verkörpert, eine üppige Hebe, graziös und wonnetrunken.

Paoli wandte sich angewidert zurück zu Fiorelli und sagte kalten Tones nur:

„Lassen wir sie denn ruhig in ihrem Element—und vertiefen wir uns in das unsere! Erzähle mir von Rom, von meinen Eltern, von der göttlichen Kunst und von Deinem Schaffen und Deinen Plänen!"

Und von Rom und ihren Beziehungen zu der Kunst, von beiderseitigen Freunden, von der Literatur und Politik plauderten die zwei verwandten Seelen, ohne es nur zu bemerken, wie die Zeit verrann. Schon wurde es leerer auf der Veranda und sogar im Ballsaal, ohne daß die Freunde es gewahrten, und erst eine zufällige Bemerkung Fiorelli's erinnerte Paoli endlich an seine Frau und seine Pflicht gegen sie, die er zum erstenmale vernachlässigt hatte. Er erhob sich hastig, bot Fiorelli herzlich gute Nacht und ging in den Ballsaal, um Rosa abzuholen, denn schon war es später wie gewöhnlich geworden. Allein er fand sie nicht mehr dort.

Natürlich eilte er nun hinauf in ihre Zimmer. Aber hier war sie auch nicht zu finden, und, unwillig werdend, dachte er bitter:

„Sie wird wieder eine jener nächtlichen Promenaden im Curgarten unternommen haben, ein halbes Dutzend Roués um sich und weder in sich noch außer sich einen Schutz suchend gegen allerlei Freiheiten, die ich ihr nicht gestatte, anzuhören, und die sie doch so sehr liebt,— daß ich," er stieß es zornig mit den Zähnen knirschend hervor: „an jeder edlen Regung in dieser wollüstigen Natur verzweifeln lerne! Wie schnell sie wieder die momentane Freiheit ausbeutete!!"

Zurück also nach unten.

Ein scharfer Blick streifte den mittlerweile schon fast ganz leer gewordenen Tanzsaal—sie war noch nicht dahin zurückgekehrt. Dann schritt er, jede Person prüfend, die Veranda entlang bis zum äußersten Ende,—nirgends eine Spur von ihr. Wo war sie nur—wo konnte sie anders sein, als wirklich im dunklen Schatten der Bäume des nahen Curgartens, dort, wo keines Menschen Auge im düsteren, schwülen Dunkel der Sommernacht weiter sehen konnte, als was unmittelbar vor ihm lag.

Es war eine jener stockfinsteren Nächte vor dem Neumonde, die ohnehin unheimlich schwarz erscheinen, und heute, wo seit einer Stunde statt des früheren klaren Himmels bleischwere, drohende Wolken über der Erde hingen, die sich jeden Moment in einem Gewitter entladen konnten, war die Finsterniß noch undurchdringlicher, wie gewöhnlich.

Er schritt nun schnell und unwillig dem Curgarten zu, der öde und vereinsamt wegen der späten Stunde dalag und in dem es still war, wie in einer Kirche. Kein helles Gewand mehr flatterte im Nachtwinde grell gegen das Dunkel der Bäume hin, wie zu früherer Stunde am Abend—kein lautes Lachen, kein leises Liebes-Geflüster war hörbar auf den unheimlich finsteren, vereinsamten Wegen; ruhig schlummernd lag die Welt im tiefsten Frieden, in tiefster Ruhe da.

„Nur die Leidenschaft wacht noch zu dieser Stunde!" dachte Paoli geärgert, als er die Thüre des Gartens öffnete. In demselben Augenblicke, da er das Brunnenhaus durchkreuzte, schritt eilig an der anderen Seite des Bassins eine hohe Männer-Gestalt hinaus; woher sie kam, hatte er nicht bemerkt, und erst als ihr Tritt auf den Steinfliesen wiederhallte, gewahrte er sie überhaupt. Er blickte unwillkührlich spähend hinüber, obschon das matte Licht der einzigen Laterne am Quell ihm nicht gestattete, klar zu sehen. Aber trotz des tiefen Dunkels, welches auch noch die Schatten der Säulen auf den Mann hinwarfen, der schnell dem Ausgange zuschritt, glaubte Paoli, vor Schrecken fast erstarrend, doch die Gestalt zu erkennen.

„Bartone!" klang es schnell, zweifelnd, unsicher von seinen Lippen.

Aber der Fuß des Dahineilenden, der in derselben Minute auch schon durch die Gartenthüre hinaus schritt, hielt nicht erschrocken und zögernd an, und Paoli, auf dessen Stirn ein tödtlicher Zweifel den hellen Angstschweiß getrieben,—athmete wieder befreit auf.

„Ich bin doch ein rechter Narr!" murmelte er vor sich hin: „der Sekt ist mir zu Kopfe gestiegen!! Fiorelli allein ist Schuld an dieser dummen Hallucination, die mir jetzt wie toller Teufelsspuck erscheint! Ich muß mich wahrhaftig hüten vor abermaligen Excessen! Lächerlich! Der Gang des Mannes war ganz anders, wie der Bartone's, und er wandte ja nicht einmal den Kopf um bei meinem Ruf! Zudem — — es wäre ohnehin ganz unmöglich!"

Paoli drang aber doch, sehr ernüchtert nach diesen Worten, weiter in den Garten vor. Eilenden Schrittes durchjagte er seine Wege, ohne irgend ein lebendes Wesen zu gewahren. Obschon es ihn einerseits beruhigte, daß Rosa nicht dort war, so konnte er andererseits immer weniger begreifen, wo sie denn überhaupt sein könne zu dieser Stunde.

Er fragte bei der Rückkehr verschiedene Bekannte, ob sie die Marchesa gesehen, und auf die stets verneinende Antwort, eilte er nochmals hinauf, um sich zu vergewissern, daß sie wirklich immer noch nicht in ihre Gemächer zurückgekehrt sei. Als er eben in zwei Sätzen die letzte der Treppen hinaufstürmte, öffnete sich die erste Thüre auf dem Corridor— und—ihn nicht gewahrend, trat Rosa über deren Schwelle.

Das Zimmer gehörte einer leichtlebigen jungen Wittwe, die Paoli besonders antipathisch war, und mit der Rosa, trotz seiner Abmahnungen, eine sehr intime Freundschaft geschlossen hatte.

„Gute Nacht, beste Livingstone," sagte Diese, der hinter ihr erscheinenden Frau die Hand reichend: „Sie sind mir wie ein Engel in der Wüste mit dem Labsal Ihrer Tropfen erschienen und ich werde sie zur Vorsicht mitnehmen, wenn mein Kopfschmerz dennoch zurückkehren sollte!"

Beide Frauen lachten, wie es dem aufgeregten Manne vorkam, gar sonderbar; allein Rosa erschien doch vollkommen unbefangen, als sie Paoli gleich darauf bemerkte. „Ah, caro mio!" lächelte sie, nun sogleich ungenirt ihren weißen, vollen Arm auf den seinen legend und ihm ganz offen in's Auge sehend: „Du kommst mir eben recht;—ich bin sehr müde und möchte zu Bette gehen!"

„Wo warest Du nur, mein Kind?—ich suchte Dich überall, selbst im Curgarten!"

War es da nicht, als ob der Alabaster-Arm, der auf dem seinen ruhte, doch ganz leise erzittere?

Er blickte sie schärfer an. Allein kein verrätherisches Roth stieg in ihre Schläfen, kein Nebel umwölbte den klaren Blick, als sie ruhig auf die jetzt in's Zimmer zurücktretende Dame wies und leichthin sagte:

„Dort! Ich hatte furchtbares Kopfweh und sah mich eben nach Dir um, um mich zurückzuziehen, als Mrs. Livingstone meine Blässe gewahrte und fragte, was mir fehle. Auf meine Antwort hin, nahm sie mich mit in ihr Zimmer, da sie eine nie fehlende Medicin besitze, die denn auch wirklich nach einiger Zeit lindernd wirkte. Später sind wir plaudernd beisammen geblieben; ich wußte ja, daß ich heute Abend auf meinen Herrn Gemahl nicht zählen durfte!" setzte sie neckischen Tones hinzu.

„Wesbalb nicht?"

„Nun, der Fremde, mit dem Du Dich entferntest, schien Dir ein so auffallendes, ganz ungewöhnliches Interesse einzuflößen, daß es grausam von mir gewesen wäre, Dich abzurufen. Deswegen verzichtete ich auch gern darauf, Dich zu stören!"

Paoli maß sie mit zweifelndem, mißtrauischem Blicke, denn leider konnte er ihr überhaupt nie unbedingt trauen, aber ganz besonders dann nicht, wenn sie vorgab, selbstlos zu sein, was entschieden gegen ihre Natur war. Das schlaue Weib gewahrte das sehr gut, lächelte eigen und fragte schnell ablenkend:

„Eh bien, so sprich doch, mein Freund, und erzähle mir, wer war denn eigentlich der schöne, dunkle Fremde? Ein Landsmann wohl gar, oder sonst ein alter Bekannter?"

„Beides!" erwiederte er zerstreut, und setzte dann, sich sammelnd, erklärend hinzu: „Es ist Antonio Fiorelli, mein bester Freund, ein Mann von seltener Begabung und sehr großer Menschenkenntniß, zudem noch ein ganz bedeutender Bildhauer, der trotz seiner Jugend schon sehr berühmt ist!"

„Und diesen Paragon gelüstete es gar nicht einmal, m i r vorgestellt zu werden?" gab sie schmollend, in gekränkter Eitelkeit, zurück.

„Nein! denn er liebt die Frauen im Allgemeinen nicht!"

„Ein sonderbarer Künstler das! ein Unicum, in der That! Doch, Geduld! ich werde ihn schon später für diese schlechte Eigenschaft zu strafen wissen!"

———

Am nächsten Tage lernten sich die Beiden kennen. Von jeder Seite brachte man Mißtrauen gegen einander mit, denn die Dame fürchtete den Einfluß eines solchen Freundes auf ihren Gatten, den zu düpiren ihr leicht wurde, wenn sie a l l e i n in naher Berührung mit ihm stand, —und Fiorelli, der Vertraute Paoli's, wußte genug von der leichtlebigen „Belle", um ihr weder große Achtung, noch irgend welche Sympathie entgegen zu tragen. Der ernste und doch so satyrisch beanlagte Mann mit den scharfen, eindringenden Augen, die dunkel zwar wie Paoli's, doch nichts von dessen träumerischer Melancholie an sich trugen, sondern direct in's Mark jeden Dinges vordrangen und sich weder durch äußeren Glanz, noch durch Schönheit bestechen ließen,—flößten ihr sofort Unruhe und Unbehagen ein. Ihr war, bei all' seinem Humor, hinter dem er sein scharfes Urtheil zu verstecken wußte, als besitze er eine nie enden-wollende Zähigkeit, sie besonders in ihrem ganzen flatterhaften

Leichtsinn bloß zu stellen, und sobald sie das wahrnahm, war es natürlich auch um die letzte Liebe zwischen ihnen gethan. Schon geärgert, daß er so vollständig kalt, wie nie zuvor ein Mann, ihrer Koquetterie gegenüber blieb, kränkte es ihre Eitelkeit natürlich auch auf's Höchste, daß er überhaupt den einzigen Vorzug, den sie wirklich über die Meisten ihres Geschlechtes besaß, den der physischen Schönheit, im A l l g e m e i n e n so niedrig anschlug, daß er z. B. stets sehr geringschätzend von der Vollendung der Form gegenüber den seelischen Vorzügen redete. Und doch floß auch in seinen Adern heißes Künstlerblut und doch blieb auch er, trotz des Scheines, durchaus nicht kalt gegenüber diesen üppigen Reizen, die jeden Künstler unfehlbar enthusiasmiren mußten. Allein seine klare, kritische Natur sah deutlich durch den blendenden Teint die innere Fäulniß durchscheinen, sah aus den dunklen Augen-Sternen nicht den Himmel wiederstrahlen, und über die rosigen Lippen keineswegs die holde, heiligende Sprache eines kindlich reinen Herzens fließen,—und deshalb besaß ihre Schönheit gar keine Macht über ihn. Auch ihn begeisterte sie wohl zum künstlerischen Schaffen, wie vor ihm schon so viele Maler und Bildhauer,— —allein er modellirte sie nicht wie Jene als Venus, nicht als dramatische Muse und auch nicht als Aurora,—sondern als Kleopatra—als Messalina und—o weh! als Phryne sogar! Natürlich ohne daß sie ahnte, wie seine flüchtigen Entwürfe ausgeführt zu werden bestimmt seien.

Sie empfand bald ganz genau, daß sie in Fiorelli einen zweiten Wächter ihrer Sitten erhalten, und e r, als ob das heißblütige, koquette, verführerische Weib deren überhaupt nie genug haben könne. So viel er auch grübelte, sann und dachte, wie Paoli mit diesem Weibe einen Bund für's Leben schließen konnte, es blieb ihm doch positiv unerklärlich. Sich klar bewußt, daß er selbst kein Heiliger sei und oft genug dem Zauber des Augenblicks und bloßer Sinnen-Erregtheit zum Opfer gefallen war,—konnte doch seine durch und durch gesunde, realistisch angelegte Natur, die ganz im Gegensatze zu Paoli der Phantasie durchaus keine bleibende Herrschaft über sich gestattete und nur dem Idealismus in der Kunst, nie im Leben, Berechtigung zugestand,—sich nicht ausfinden aus diesem Labyrinthe der Gefühls-Verwirrung, in welchem Paoli sich

verloren. Und wenn er sah, wie die Modedame den Freund innerlich
von Tag zu Tage mehr abstieß durch die entsetzliche Kälte und die
Armuth ihres Herzens, durch ihren ganz kolossalen Egoismus,—wie sie
rücksichtslos Alles, was ihm heilig war, mit Füßen trat,—dann erfüllte
Fiorelli ein wahrer Haß gegen sie, und es war ihm, als müsse er zwischen die beiden ungleichen Menschen treten und den Freund, der die
Zartheit eines Kindes, das heiße Gefühl einer Frau mit dem verder-
ben-bringenden Idealismus des Dichters verband—vor seinem sicheren
Schicksal, an dieser Creatur zu Grunde zu gehen, erretten! Schon
war Paoli furchtbar verändert in wenigen Monaten. Alle Schaffenslust war todt—alle Lebensfreudigkeit verschwunden. Müde, gleichgültig,
ohne Interesse selbst an den Lebenszielen, welche ihm noch vor kurzer
Zeit mehr wie Familie, Rang und Leben gegolten hatten, schien er
langsam am materiellen Dasein hinzusterben, wie viele gottbegnadete
Naturen es thun, wenn man sie fesselt an das Gemeine auf Erden.

Fiorelli grollte wie ein gefesselter Löwe im Käfig, wenn er die entwürdigenden Koquetterien der schönen Frau sah, und wenn Worte
schneiden, Blicke sie verwunden konnten—so thaten sie es gewiß. Er
war schonungslos boshaft in seinen Bemerkungen, hart und schroff im
Verkehr mit ihr überhaupt, und es gab ihm eine abscheuliche Befriedigung, sie zu reizen und zu ärgern. Es war, als wollte er so an ihr
rächen, was sie Paoli Uebeles zufügte. Sie zwar gab Spott für Spott,
Satyre für Satyre zurück, allein da ihr die Schärfe des Geistes und
die Feinheit der Bildung Fiorelli's abging, so war ihre Rache blos
unzart und verletzend, statt treffend und ätzend zu sein.

Paoli, der sich immer noch von seinem Idealismus nicht frei machen konnte, obschon derselbe der Fluch gewesen, der ihn in's Elend getrieben hatte,—übersah auch dieses Verhältniß nicht mit klarem Blick.
Lächelnd ihren Wortkriegen lauschend, ahnte er nichts von der gewaltigen Bitterkeit, die unter der oberflächlichen Höflichkeit Beider lauerte,
und ihre feindliche Stellung gegen einander amüsirte ihn sogar. Sie
gab doch dem immer ermüdender werdenden Zusammenleben mit diesem
seichten Frauen-Charakter den Schimmer eines pikanten Reizes. Ja,
sie rüttelte ihn sogar wohl hier und da auf, für die eine oder andere

schwächere Seite eine Lanze mit einzulegen, und da Rosa gewöhnlich im
Nachtheile war, so hätte man bei solchen Gelegenheiten nur die Züge
Fiorelli's betrachten sollen. Sie waren dann ein Studium in der That.
Eine komische Entrüstung und ein widerwilliges, halb saures, halb
süßes Lächeln trat auf sein Gesicht, und zugleich ein unaussprechlich
drolliges Gemisch von Zorn, Aerger, Gutmüthigkeit und Satyre. Es
war, als breche sein Galgen=Humor aus jeder Pore und riefe: „Freund
—ziehe doch selber die Schlinge nicht um den eigenen Hals!"

Aber Paoli, der ihn nicht verstand, lachte zu solchen Zeiten wohl
gar so heiter wie früher auf und vergaß momentan, welche Wüste er
im Herzen trug. Jedenfalls war Fiorelli's Gegenwart eine Wohlthat
für den Marchese, und als man nach acht Tagen von Saratoga auf=
brach, um nach New York zu reisen, wußte er den Freund leicht zu be=
reden, auch dort mit ihnen dasselbe Hotel zu bewohnen. Rosa's In=
triguen, dies zu verhindern, waren nutzlos.

Und mit jedem Tage, den sie zusammen verbrachten, fand Fiorelli
mehr aus, wie sehr der Freund umgewandelt war,—mit jedem Tage
haßte er dessen Gattin, die Urheberin dieser traurigen Veränderung,
gründlicher. Alle Jugendlichkeit schien ja aus seinem Wesen verschwunden,—alle geistige Elasticität vollständig todt zu sein,—und so bot denn
Fiorelli in New York alle seine Kräfte auf, um ihn, dessen stumpfe Ergebung in sein Geschick den Freund schließlich mehr wie Alles jammerte,
sich selbst und seiner Kunst zurück zu geben. Seit Monden hatte seine
Hand weder Thon noch Pinsel berührt, obschon er Künstler auf beiden
Gebieten war, früher Künstler mit Leidenschaft. Allein alles Streben
schien wie abgestorben unter der Frivolität des Weibes, das ihm ange=
traut worden,—des Genius Flügel waren eben gebrochen über dem
Grabe seines Glückes.

Es gelang Fiorelli endlich auch wirklich, ihn Tage lang mit sich zu
nehmen, nach den Zeichen=Akademien, Bilder=Galerien und Ateliers,—
ja sogar etwas wie neue Schaffenslust in ihm zu wecken. Er versprach
Fiorelli selbst, sobald er erst seinen permanenten Wohnsitz in Washington
aufgeschlagen habe, was binnen weniger Wochen stattfinden sollte, wieder
von Neuem der Kunst zu leben und ihr seine Zeit und seine ganze Kraft zu

widmen. Der schönen Frau war das Alles ein Greuel. Sie konnte es zuerst gar nicht ertragen, daß der Mann, der ihr allerdings innerlich so gleichgültig war, wie die Steine am Wege, einem anderen Einflusse gehorchte, als dem ihren, denn sie wollte ihn ganz und vollständig zu ihrem Sklaven haben. Paoli zwar, der nie vergaß, was er ihr schuldete, forderte sie auch jetzt in New York regelmäßig jeden Morgen auf, mit ihnen die Kunstschätze zu besuchen,—allein Fiorelli war ihr zu verhaßt, um seine unausstehliche Gesellschaft nicht zu meiden, wenn sie es konnte. Zudem fand sie es auch nie langweilig — o h n e ihren Gatten, und ihre Schmetterlings-Seele flatterte ungezügelter auf, wenn sie vor ihm sicher war. Zwar anscheinend ließ sie Paoli nur ungern gehen und sie murrte beständig gegen seine spezielle Abwesenheit—gerade als ob sie ihn wirklich gern gehabt hätte. Allein diese Verstellung half ihr nichts, denn Niemand ließ sich mehr dadurch täuschen. In Wirklichkeit convenirte ihr gerade nichts besser, wie die Abwesenheit ihres Gatten und die scharfen Adler-Blicke seines Freundes würden ihr sogar äußerst unbequem gewesen sein, in diesen Tagen, wo auch sie ihre Zwecke verfolgte, die ganz anderen Interessen galten, wie denen, welchen die befreundeten Kunst-Enthusiasten sich hingaben.

Sie correspondirte eifrig und empfing viele Briefe, die aber n i c h t durch die Hände ihres Gatten gingen,—kurz, sie lebte noch ein anderes Leben, wie das, welches Paoli und Fiorelli kannten und überwachten.

Zwölftes Kapitel.

Dicht verhüllt vom doppelten Schleier betrat die leichtsinnige Marchesa in so unscheinbarer Toilette, wie ihre Garderobe sie nur aufzuweisen hatte, an einem köstlichen, sonnigen September-Tage das Ferry-Haus, wo die Boote von Staten Island landeten. Sicheren Schrittes eilte sie in die fernste Ecke des Wartesaales, die ganz vereinsamt war, bis auf eine Person, welche sehr vertieft in ein Zeitungsblatt zu sein schien, das ihre Züge jedem Anwesenden verhüllte, obschon sie selbst hie und da lauernde Blicke voll Ungeduld davon ab nach dem

Eingange schweifen ließ und von Minute zu Minute unruhiger zu werden schien.

Als die Dame sich endlich nahte, flog es momentan wie leichtes Erröthen über die gelblich blassen Züge des Harrenden und er erhob sich schnell, um sie zu begrüßen. Allein ein befehlender Blick fesselte ihn sofort wieder an seinen Sitz und als sie ihn erreichte, sagte sie zürnend und hart:

„Können Sie denn noch immer nicht begreifen, daß Sie vorsichtig sein müssen, und daß ich nicht die geringste Lust verspüre, für Ihre Kopflosigkeit meine sehr behagliche Existenz auf's Spiel zu setzen?"

Bartone—denn er war es—sah sie vorwurfsvoll an, ja seine Augen vergruben sich förmlich flehend in das hochglühende Antlitz, das der jetzt halb zurückgeschlagene Schleier in seiner vollen Schöne erkennen ließ und das frisch und leuchtend wie eine Mairose erschien. Er hingegen war blaß vor innerer Erregung—seine Augen lagen tief in ihren Höhlen und sein Antlitz sah schmaler und schärfer geprägt aus, wie früher;—es trug unverkennbar den Stempel des Leidens und den gewaltiger innerer Kämpfe.

„Rosa," flüsterte er bebend: „zürne nicht in dieser Minute, wo ich Dich endlich, endlich wiedersehe!"

Ihre Ruhe contrastirte abstoßend grell mit seiner sichtlichen Erschütterung und mit spöttisch verzogenen Lippen und verächtlichem Schütteln des Kopfes, lachte sie ganz unberührt von dem Pathos seiner Worte:

„Endlich! sagen Sie, mein Herr Bartone, e n d l i ch? Bei'm heiligen Antonius von Padua—das ist amüsant! Noch ist es kein Monat her, als Sie mir, wie aus den Wolken gefallen, ein Billet in die Hände spielten, worin Sie mir die überraschende Alternative stellten, Sie entweder am selben Abend noch im Curgarten zu Saratoga zu sehen, oder eine Katastrophe zu erwarten—die—die—nun, Freundchen! die wahrlich etwas s e h r theatralisch gewesen sein würde!"

Sie lachte ausgelassen und ließ sich graziös neben ihm nieder, indem sie doch bemüht war, sich so zu setzen, daß Niemand sie erkennen konnte. Bartone's Stirn verdüsterte sich und um seine Lippen trat ein convulsivisches Zucken—ihre Ruhe kränkte ihn tief, nein! sie marterte ihn förmlich.

„Rosa—quäle mich nicht!" stieß er dumpf hervor.

Halb höhnisch, halb belustigt lächelnd, legte sie schmeichelnd die Hand auf seinen Arm, sah ihm neckisch in die Augen und spottete:

„Beruhigen Sie sich doch, mein Ritter Hotspur!—ich habe wirklich heute zu wenig Zeit, um auf Ihre wechselnden Gemüths-Stimmungen geduldig oder lange zu warten! Zudem"—sie sah plötzlich durch die halb-gesenkten Lider mit verschleierter Gluth zu ihm empor: „daß ich wirklich hier bin, hier auf Ihren Befehl, zeigt Ihnen ja ausreichend, wie theuer Sie mir in der Zeit meiner Freiheit waren,— —damals, —als ich noch nicht ahnte,— —daß Sie mich betrogen!!"

„Rosa, Du tödtest mich mit dieser Herzlosigkeit!" sprach er zitternd im convulsivischen Ringen nach Ruhe. „Habe ich Dir denn nicht geopfert, was nur ein unselig' verfluchter Mensch zu opfern vermag,— Pflicht und Ehre—Weib und Kind—Ruhe und Seligkeit?! Weib— Teufel!—Du bist es nicht werth, nun und nimmermehr!!! Meine Seele verdammt Dich, meine Vernunft verwirft Dich— —und doch hält mich ein grausames Geschick fest an Dich, und doch liebe ich Dich so wahnsinnig, so gottvergessen— — —"

Er unterbrach sich und stöhnte auf. „O, wenn Du wüßtest, wie ich gekämpft habe, um Dich zu fliehen!" setzte er dann tief erschüttert hinzu.

„Alteriren Sie sich nicht, Bester, ça va sans dire!" spottete sie, ganz unbeeinflußt von den erschütternden Lauten seines Bekenntnisses, mit eisiger Ruhe zurück und gähnte wie gelangweilt.

„Schweig', Weib!" brauste er nun so zornig auf, daß sein Teint sich bis zur Farbe von Pergament verdunkelte und die Adern wie blaue Schlangen darauf hervortraten, während das Auge elektrische Flammen sprühte. Ihr Spott weckte die ganze Wildheit seiner gequälten Seele und die vollste Kraft eines von Natur groß und gewaltig beanlagten Temperaments. Das dunkle Dräuen des Zornes ließ ihn geradezu gefährlich erscheinen und er sah in diesem Moment aus, als könnte er das Weib vor sich in seiner Leidenschaft erbarmungslos morden.

Vielleicht zum erstenmale in ihrem Leben eingeschüchtert, schwieg sie wirklich und schlug auch das Auge vor dem seinen erschrocken zu Boden. Im nächsten Moment schnellte sie jedoch schon wieder elastisch auf und sie sagte, ärgerlich über die eigene Schwäche, mit anscheinender Ruhe:

„Eh bien, was wollen Sie eigentlich von mir, Bartone? Ich habe Eile, denn wir sind zum Diner eingeladen, und Paoli könnte eher heimkehren, als ich, was ich aus verschiedenen Gründen n i c h t wünsche!"

Er strich sich mit der Hand über die Stirn und durch's Haar, ehe er in ruhigerem, aber müdem Tone erwiederte: „Ich würde weniger unglücklich sein, wenn ich das überhaupt wüßte! Ich mußte Dich nur s e h e n, Rosa, ob auch die Welt darüber zu Grunde gegangen wäre,—und so log ich vor Wochen, wie jetzt, dem Wesen, dem Du die Schuhe zu lösen nicht werth bist, von Geschäftsreisen—und kam, als ob mich das Schicksal peitschte. Was es ist, das mich an Dich bindet, so daß ein Blick aus den Augen, die nie weibliche Milde, nie Mitleid gekannt haben, meine Seele unmannen bis zur Erbärmlichkeit und mich das ganze Universum vergessen machen,—ich weiß es nicht!"

Sie lachte leise—melodisch—befriedigt, und war in dieser Sekunde ganz Weib. „Es ist die L i e b e! Freund!" flüsterte sie und umspannte ihn mit verzehrendem Blick.

Er seufzte schwer. Sie aber stand nun schnell auf und reichte ihm die Hand.

„Ich muß gehen, Bartone!" sagte sie dann, noch immer in weichen Lauten, aber doch festen, entschlossenen Tones.

„Nicht eher Rosa, bis Du mir sagst, wo ich Dich noch einmal sehen kann, ehe ich nach Baltimore zurückkehre,—nicht eher," und er sprang ebenfalls auf, und unbekümmert, wer sie auch sehe oder beobachte, legte er beide Hände schwer auf ihre Schultern und sah sie mit wildem Trotz an: „bis ich endlich erfahre, w e s h a l b Du eigentlich auch Paoli geopfert und mich damit doppelt elend gemacht hast. Ich begreife es immer noch nicht!"

Sie blickte ihn zuerst ganz überrascht und dann mit eiskaltem Spott an und ohne nur mit der Wimper zu zucken, erwiederte sie harten, schneidenden Tones sehr nachdrucksvoll: „Um mich auch an ihm zu rächen!"

Und ehe er um Erklärung bitten konnte, setzte sie hinzu:

„Sie wollen also übermorgen wieder fort? Nun gut—ich kann Sie bis dahin nicht mehr sehen—und darum jetzt Adieu!"

Sie wollte sich nun auch rasch von ihm abwenden—nicht rasch genug jedoch für ihn, um es seinerseits nicht gewaltsam zu hindern. Er legte seine Hand mit eisernem Griff um ihr Handgelenk und stieß heftig hervor: „Warum denn nicht m o r g e n, Rosa? Ich will einmal nicht so von Dir gehen auf unbestimmte Zeit! Ich habe Dir Vieles zu sagen, und— —"

„Nun gut! so gehe o f f e n hin, wo ich mich befinde—am Morgen im Hotel und am Nachmittag nach Staten Island zum Clambake bei'm Senator S.; die ganze fashionable Welt New York's ist dort eingeladen!"

Mit düster umflorter Braue hörte er die harte, höhnische Antwort der Ex-Schauspielerin an. Dann sagte er entschlossen:

„Sehr wohl, ich werde kommen!"

Da stieß sie doch einen leisen Schrei der Entrüstung und des Schreckens aus, denn sie hatte ihn ja nur quälen wollen.

„Du wirst das n i c h t thun, Bartone," sagte sie ängstlich und flehend: „Du wirst es nicht thun, wenn ich Dich darum bitte!" und der erste Strahl weichen Gefühls zuckte über ihn hin und umschloß ihn mit inniger Liebe.

Er sah es—und schwankte sofort wieder.

„Weib!" brach es da leise über seine Lippen, „wenn ich ein Katholik wäre, wie Paoli, ich würde mich vor Dir bekreuzen!!"

„Felix," flüsterte sie nun schmeichelnd und trat so dicht an ihn heran, daß ihr heißer Athem ihn umfächelte und ihm die Besinnung raubte, wie sie das auch bezweckte: „Felix, was würde wohl Paoli denken, wenn Du so plötzlich hier auftauchtest?—Du weißt ja genau, es würde auch um seine Ruhe gethan sein!"

Wie diese Schlange schlau und klug zu rechnen verstand! Die einzige Stelle, wo Bartone noch verwundbar geblieben, war das Gefühl des tiefen Unrechtes, das er an diesen Mann beging, der so edel und hochherzig seiner Ehre vertraute, und, weil er selbst groß im Entsagen war, auch ihn groß darin wähnte.—Er zögerte einige Sekunden. Er kämpfte mit sich—aber er unterlag. „Paoli?!" erwiederte er dann gedehnt und sarkastisch: „Madame la Marquise, Sie vergessen dabei nur eines, daß Paoli mein bester Freund ist, daß Paoli pflichtschuldigst sehr erfreut sein muß, wenn er g a n z z u f ä l l i g natürlich den in Geschäfts = Angelegenheiten anwesenden Freund bei'm Senator S. trifft, den ich längst kenne, und den ich jetzt gleich in seiner Villa aufsuchen will, um für morgen eingeladen zu werden!"

„Mein kluger Herr Bartone," spottete sie, schon wieder beruhigt und zur neckischen Ausgelassenheit umspringend: „glauben Sie etwa wirk=lich, daß es n a c h Ihrem Zusammentreffen mit meinem Gatten wohl noch möglich wäre, daß wir auch nur ein einziges Wort unbewacht mit einander wechseln könnten?! Ah, da kennen Sie weder Paoli, noch seinen Wachthund Fiorelli!"

Ihr Widerstand, ihr Spott reizte ihn nur noch mehr an und ließ ihn sofort wieder zu ihrem Tyrannen werden. In dem ewigen Wechsel seines Benehmens, jetzt sklavisch bis zur verächtlichen Schwäche und dann wieder hart und herrisch bis zur Rohheit fast,—lag die geheime Macht, die er selbst über die flatterhafte Natur des Weibes besaß.

„Nun wohl," erwiederte er flammenden Blickes, indem er sie so be=fehlend maß, als banne er sie unlöslich an seinen Willen: „so werde ich f r ü h dorthin kommen und mich vor Ihrer s p ä t e n Ankunft—hören Sie wohl zu, gnädige Frau! schon in den park=ähnlichen Anlagen um Senator S.'s Villa verloren haben, und dort erwarte ich Sie, sobald Sie, ohne Verdacht zu erregen, sich entfernen können! Ich will endlich Gewißheit, wie es um unsere Zukunft steht!"

„Sie w o l l e n ?!! Ah, Freund Felix—Sie haben wenig zu wollen, wenn i c h nicht will!" lachte sie mit anscheinender Sorglosigkeit. „Ich will aber nichts von Ihnen, nicht einmal, daß Sie sich Illusionen ma=chen sollen über so lächerlich unsinnige Dinge, wie die Zukunft z. B. ist! Nein,—ich plaudere gern heimlich mit Ihnen, weil das verboten ist und verbotene Frucht entzückend süß schmeckt,—ich höre auch mit Ver=gnügen Ihren unsinnigen, wilden Eruptionen von Liebes=Tollheit zu, da sie sehr pikant von der langweiligen Ruhe und der vornehmen

Kühle meines Herrn Gemahls abweichen, und"—sie sah ihn mit schelmischer Ironie aus den halb niedergeschlagenen Augen koquett an: „ich sehe Sie auch gern zuweilen, weil Sie ein schöner, kraftvoller und mich vergötternder Mann sind, aber"—und jetzt richtete sich die unberechenbare Sphinx plötzlich stolz empor und ihr Auge leuchtete dabei wie sprühender Stahl, so klar, aber auch so hart: „weiter hat die Marchesa di Paoli nichts mit Ihnen, mein Herr, zu schaffen!"

Mit hochgetragenem Haupte machte sie ihm eine vornehm=stolze Verbeugung und dann wandte sie sich und ging mit ruhig gemessenen, majestätischen Schritten dem Ausgange zu, wo sie sich in der dort ewig ein= und auswandernden Masse schnell verlor.

Er war mit einem leisen Fluche auf seinen vorigen Sitz zurück gesunken und er hatte unwillkührlich das Zeitungsblatt von Neuem aufgenommen, denn er fühlte, wie Unwille, Zorn und Schmerz sein Gesicht entstellten. Dieses Weib war nun einmal seine Lorelei—sein Verderben!—dieses Weib, das er doch verachtete so heiß, wie nur je ein Weib verachtet wurde, und das ihn trotzdem anlockte—so unwiderstehlich, wie der Basilisk sein Opfer lockt —zum Tode! Er stöhnte gequält auf, dachte an Valerie, die Reine, Edle, Mißhandelte, und fühlte sich wie die Verdammten, die fern den Himmel schauen, und wissen, daß sie ihn doch nie mehr erreichen können.

Dreizehntes Kapitel.

Der folgende Tag sah eine große, glänzende Gesellschaft im Parke des Senator S. versammelt, eine so große und gewählte Gesellschaft wie sie selbst Staten Island, diese Perle unter den Inseln, mit ihren vielen von Millionären bewohnten Landsitzen, selten gesehen. Senator S.'s reizende Besitzung wurde von der einen Seite von den Wellen der Bay bespült, die den schönen, wohl=gepflegten, abschüssigen Rain, welcher sich vom Hause abwärts bis zum Ufer erstreckte, mit dem frischesten, saftigsten Grün überkleidete. Mittwegs zwischen der Villa und dem Wasser war heute ein bunt=beflaggtes Zelt errichtet, dessen mit Blumen=

Guirlanden zurückgehaltenen Wände es wie einen großen offenen Pavillon erscheinen machten, und das, obschon es sicher bei der noch herrschenden Hitze unter den alten, schattigen Bäumen des hinter dem Hause sich erstreckenden Parkes kühler gewesen wäre,—doch heute den Mittelpunkt des geselligen Thuns und Treibens bildete.

Da der reiche Gastgeber ein alter Junggeselle voll Jovialität und lustigen Humors war, der sich gern amüsirte und nicht zu viel Werth auf die Anforderungen der Etiquette legte, so hatte er den Eingeladenen ein fröhliches, heiteres Fest versprochen, wo ein Jeder seiner eigenen Lust und Laune und nicht vorgeschriebenen Regeln folgen solle. Jeder that demnach, was ihm beliebte. Am Ufer wiegten sich bunte Gondeln mit schützenden Sonnendächern darüber, die die Flaggen aller Nationen trugen, welche lustig im Winde wehten. Links vom Zelt stand ein auf natürlichem Felsgestein eingerichteter Ofen, den eine Gruppe Riesen-Eichen überschatteten, und an dem die Köche in schneeweißen Anzügen mit Papier-Mützen auf den Köpfen, des nationalen Gerichtes harrten, das die Gäste selbst herbeischaffen wollten. Ihre einzige Beschäftigung schien vor der Hand zwar nur die zu sein, als malerische Requisition zu nützen und das Feuer, welches hell-lodernd aufzüngelte, zu schüren.

Unbeengt und frei bewegte sich die lustige Gesellschaft, bald auf dem Rasen, bald im Zelt, wo die köstlichsten Delicatessen aller Zonen servirt waren,—bald unter den Bäumen, und dann wieder hinaus auf die schaukelnden Wogen—um lachend, jubelnd mit vielem Glück und wenig Geschick nach den „Clams" mehr zu schauen, wie zu fischen. Aus dem Gebüsch erklangen dabei die verlockendsten Tanzweisen von dem dort versteckten Musikchor, und trotz Sonne und Wärme flog manches junge Paar im munteren Reigen über den grünen Teppich des Rasens.

Des Festes höchster Reiz war wirklich die köstliche Ungezwungenheit und die vollkommene Freiheit jedes Einzelnen, und selbst Fiorelli und Paoli, welchen derartig getroffene sinnige Arrangements, wie die Berücksichtigung für selbst die extremsten Geschmacks-Richtungen, sie hier hervorgerufen,—eben so entzückend wie neu in diesem Lande waren, und die zum erstenmale, seit sie diese Gestade betreten hatten, sich heimisch fühlten, gaben sich ganz dem Genusse des Momentes hin.

Alle Melancholie Paoli's schien für heute wie gewichen;—er war wieder elastisch, unterhaltend und liebenswürdig wie früher und voll guter Laune, die nicht einmal dann im Mindesten gestört wurde, als Rosa, welche in duftiger, entzückender Toilette als die Schönste der Schönen glänzte, ihn abschlägig beschied, da er sie aufforderte, mit ihm in eine der Gondeln zu steigen und eine Spazierfahrt zu Wasser zu machen.

„Siehst Du denn nicht, mein Freund, daß der Gaçestoff meiner Robe unfehlbar vom aufspritzenden Wellenschaum verdorben werden würde?" erwiederte sie ihm kopfschüttelnd.

„Nun, so kaufen wir eine andere," erwiederte er lachend und sorgenlos.

„Pas du tout, mon ami!—mich gelüstet zudem nicht, bei der Rückkehr einer Najade ähnlich zu sehen, deren Element nun einmal das Wasser ist, die sich aber auf trockener Erde abominable ausnimmt!"

Paoli drang nicht mehr in sie, denn er wußte ja, daß die Toilette die allererste Consideration ihrer eitlen Natur beanspruchte, und so überließ er sie der Gesellschaft des galanten Gastgebers, der ihr schon zu ihrem vollsten Behagen die extravagantesten Complimente gemacht hatte und sie mit Aufmerksamkeiten aller Art überschüttete. Paoli, der sonst so sensitiv in Bezug auf die Schwächen seiner Frau war, hatte heute nur ein leichtes Achselzucken für sie und ging doch lächelnd und fröhlichen Muthes hinunter zum Wasser, trotzdem ihm auch Fiorelli nicht folgen wollte, da er sich eben mit einem gelehrten Kunstkenner in einer lebhaften Debatte befand.

Als Fiorelli den Freund doch mit mehreren Damen und Herren in eines der Boote steigen sah, rief er ihm scherzend nach:

„Mein Freund — wo bleibt denn aber die schöne Marchesa?" und Paoli gab neckisch und sogar mit etwas malitiösem Lächeln zurück:

„Sie fürchtet für die Frische ihrer Worth'schen Toilette bei einer Meeresfahrt. Ich vertraue sie D i r darum an bis zu meiner Rückkehr, Freund Fiorelli!"

Das sehr trockene: „Ich danke!" Fiorelli's hörte er nicht mehr, denn schon fiel er mit ein in ein lustiges Matrosen-Lied, das einer der

angehenden Seehelden Amerika's, ein junger Midshipman, übermüthig
angestimmt hatte.

Fiorelli unterhielt sich noch längere Zeit lebhaft mit seinem Kunst=
freunde, und als Dieser endlich von anderer Seite in Anspruch ge=
nommen wurde, erinnerte er sich auch des ihm gewordenen Auftrags,
den er über dem interessanten Gespräch ganz vergessen hatte. Er sah sich
schnell nach seiner schönen Feindin um. Aber sie war nicht im Zelt
mehr, nicht auf der Wiese und auch im Hause und auf dessen großer
Veranda, die weite Ausblicke auf's Meer gestattete, fand er sie nicht.
Einen Moment stand er hier gefesselt von dem wundervollen Bilde
das sich seinen Augen entrollte, und vergaß von Neuem Alles darüber.
Die ganze Bay von New York mit der Metropole selbst und ihren
hundert Thürmen, mit ihrem, sie wie ein Gürtel umgebenden Wald
von Masten, lag vor ihm;—dann der Strand New Jersey's mit seinen
Städten, und fern am Hudson den zackigen Pallisaden,—drüben
Brooklyn und Long Island, hier die Inseln mit ihren Forts—dort
das blaue Meer mit den unzähligen Booten und Dampfern—es war
in der That großartig!

„Nach der Bay von Neapel kommt die von New York!" murmelte
er enthusiastisch: „und wenn ich nicht Italien zum Vaterlande hätte,
das schöne, einzige Italien—so möchte ich am liebsten ein Sohn dieses
großartigen Landes sein! Beim heiligen Sebastian, ich muß den
Senator bitten, meinen seelenkranken Freund hierher für längere Zeit
einzuladen, um mir dieses herrliche Bild festzuhalten für immer!
Nur in der Arbeit findet er überhaupt noch seine Erlösung, und
solche übermächtige Schönheit muß ja unfehlbar den individuellen
Schmerz abschwächen, muß hingegen den Geist erstarken, indem sie ihn
einsehen lehrt, daß es noch ein Höheres gibt, als das Glück des Ein=
zelnen! Die Natur allein besitzt nur jene wahrhaft göttliche Har=
monie des Unvergänglichen, dessen Mangel eben die zerrissene Menschen=
seele so elend macht!"

Also philosophirend und dann auch über die Mittel und Wege sin=
nend und brütend, wie er Paoli günstig für diese Idee stimmen könne,

verlor er sich immer weiter von den besuchten Stellen des Parkes. Es wurde stiller und stiller um ihn, ohne daß er es gewahrte, und nur die leisen Klänge der Musik drangen noch zu ihm hinüber. So fand er sich denn endlich vor einem kleinen, baumfreien Hügel am äußersten Ende der Besitzung, auf dessen Spitze ein chinesischer Pavillon gebaut war. Lächelnd über die eigene Zerstreutheit, eilte er hinauf zu demselben, und ihn überraschte noch einmal eine ganz entzückende Aussicht auf die Bay.

Im Pavillon selbst standen von Stroh geflochtene Ottomanen, auf deren eine er sich, ermüdet von der Wärme und dem Spaziergange, sofort niederließ. Froh, daß er sich ganz allein fand, streckte er sich der Länge nach darauf aus, um für kurze Zeit ein süßes dolce far niente ungestört zu genießen. Allein die Sonne genirte ihn überall in der offenen, nur von Säulen getragenen Pagode, und ob er sich auch nach allen Richtungen hin derselben zu entziehen suchte, es gelang ihm das doch nicht. Aergerlich werdend, sprang er zuletzt auf, verließ den Pavillon und warf sich, entschlossen dennoch seine Siesta zu halten, der Länge nach in's Gras auf jener Seite des Hügels, die im Schatten lag. Zu seinen Füßen lief dicht die Gartenmauer hin, während das hier unebene, wellenförmige Terrain ihm nicht gestattete, mehr vom Pavillon über sich zu sehen, als die vergoldete Spitze.

Hier war es kühl und schattig und dazu geschützt vor jedem Ueberfall, da der Winkel sehr abgelegen und im Allgemeinen nicht attractiv war. Und so streckte er sich denn mit einem erleichterten Aufathmen lang auf der grünen Matte aus, schlug der impertinenten Mosquitos wegen sein Taschentuch über's Gesicht und befand sich auch alsbald in jenen süßen Halbschlaf versenkt, der die Wirklichkeit mit der Traumwelt vermengt. Nach einiger Zeit weckte ihn ein, zwar nur leise, geführtes Gespräch dicht über seinem Haupte im Pavillon, und er fuhr unwillkührlich überrascht in die Höhe, wie das Schlafende zu thun pflegen, wenn sie plötzlich geweckt werden und sich im ersten Moment nicht zu orientiren vermögen. Er lauschte eine Minute und spähte hinauf; als er aber gewahrte, daß er die im Pavillon Anwesenden weder selbst sehen, noch von ihnen gesehen werden konnte, ließ er sich sehr zufrieden

damit, wieder zurücksinken und dachte gleichgültig: „Ah bah! das wird
irgend ein langweiliges Liebespaar sein, dem mein Erscheinen nur
einen albernen Schrecken einjagen könnte. Ueberlassen wir sie ihrem
Unsinn!" Dann gähnte er, schloß wieder die Augen und versuchte von
Neuem, an Italien denkend und die Nähe Anderer vergessend, nochmals
einzuschlafen. Jedoch—die Götter hatten es anders bestimmt.

Die beiden Menschen da über ihm, sich in diesem abgelegenen
Winkel ganz allein wähnend, vergaßen nach und nach jede Vorsicht und
begannen statt leise zu flüstern, ziemlich laut zu reden,—ja, sich hin und
wieder sogar von leidenschaftlicher Heftigkeit hinreißen zu lassen. Und
plötzlich war es dem also wieder an sie erinnerten Fiorelli, als erkenne
er sogar deutlich die eine der beiden Stimmen. Er horchte zum erstenmale schärfer und mit Interesse auf.

„Diabolo! das ist wahrhaftig die schöne Marquise!" dachte er und
nun ermannte er sich vollends. Fiel es ihm doch plötzlich schwer auf's Herz
in dieser Sekunde, daß er so gänzlich des Freundes Auftrag, sie bis zu
dessen Rückkehr zu hüten, vergessen hatte. Schon wollte er aufspringen,
um das Versäumte nachzuholen, da fesselten gar eigenthümliche Worte
ihn an seinen Platz, so daß er beschloß, fortan ruhig liegen zu bleiben
und den Spion zu machen. Da die schöne Frau nicht in der Begleitung
ihres Gatten war, stieg ein peinigender Verdacht in Fiorelli's Seele
auf, der dem klar denkenden Manne sofort die vollste Berechtigung gab,
genauer nach den Vorgängen im Pavillon zu forschen.

„Bei'm Jupiter, es ist mir eine fremde Rolle, als "custos mo-
rum"!" flüsterte er, doch unzufrieden über den Zufall, der ihn zu
einem solchen verurtheilte: „aber die schöne Schlange muß einmal
sorgfältig überwacht werden, sonst vergiftet sie noch mehr, wie sie es
schon gethan, des guten, armen Paoli Leben! Dieser sentimentale Don
Quixote hat doch wahrhaftig den allerdummsten Streich gemacht, den
er auf Erden nur machen konnte,—er hat sich nicht einmal einer
edlen Sache, nein! einer bloßen Idee geopfert! Valerie Bartone ist
ihm nichts, wie eine Idee—die Messalina, die er ihretwegen heirathete,
ist dagegen leider die satanischste Realistik. Ich wette—sie streut auch
jetzt wieder ihre Teufelssaat aus und— — —"

Den bitteren Gedanken auszudenken, blieb ihm nicht einmal Zeit, denn in diesem Augenblicke drang die unzweifelhafte Bestätigung seines Argwohns auch schon überwältigend auf ihn ein. Er hörte nicht nur Worte, sondern auch Schwüre und sogar die verrätherischen Laute, welche glühende Handküsse zu ihm hinauf schallen ließen. Außer sich vor Entrüstung, wollte er doch schon wieder aufspringen, mit einem leisen Fluch auf der Lippe, und das schuldige Paar überraschen—allein ein blitzähnlicher Gedanke hielt ihn von Neuem fest. Wie? wenn er so die Mittel fände, jene unselige Ehe vielleicht zu lösen—wenn er Paoli dennoch retten könnte vor dem unvermeidlichen Untergange, dem er, an der Seite eines solchen Weibes, sonst unfehlbar verfallen wäre?

Seine schnelle, unwillkührliche Bewegung mußte doch wohl ein leises Geräusch verursacht haben, denn er vernahm jetzt Rosa's Stimme im ängstlichen Flüstertone fragen: „Hörtest Du nichts, Bartone? mir war es, als bewegte sich Jemand ganz in der Nähe!"

Bei dem genannten Namen flog ein Strahl tiefster Verachtung über des Lauschers Züge und er ballte ingrimmig die Faust.

Der Angeredete erwiederte fest, aber mit tief verstimmten Lauten beschwichtigend:

„Nein—ich hörte nichts, Kind! Uebrigens habe ich zuvor recognos= cirt, wie Du weißt, und da man nur durch jene Allee, die da klar vor unseren Späher=Augen liegt, zu uns kommen kann, so ist auch nichts zu fürchten, und Du darfst mir ganz ruhig auf meine Frage antwor= ten, ob Du endlich begreifst, was Du aus mir gemacht hast?—Ich glaube, Du lügst mir auch jetzt diese alberne Furcht nur, um mir wie= der, wie schon so oft, geschickt wie ein Aal zu entschlüpfen!" setzte er mit vernehmbarem Mißtrauen hinzu.

Die Er-Schauspielerin lachte.

„Lieber Bartone—Sie kennen wohl das alte Sprichwort: „„Ver= liebte sind die größten Narren""? Jedenfalls sind Sie nicht zu Ihrem Vortheile verändert, seit ich Sie kenne!"

Der Lauscher auf seinem Posten hörte es deutlich, wie der also Ver= höhnte die Zähne knirschend aufeinander biß und dann sich erhob und mit heftigen Schritten einigemal im Pavillon auf und ab schritt, ehe er vor dem Weibe stehen blieb und mit mächtiger Aufregung, die seine Stimme bis zur Unkenntlichkeit verschleierte, sagte:

„Ich glaube Ihnen das, schöne Jezabel! Ehe ich Sie kannte, war ich ein **ehrlicher** und ein **glücklicher** Mensch, den die Liebe eines reinen Weibes so hoch begnadete, daß er ein Gott zu sein wähnte, wie Lucifer! Und wie Lucifer sank er auch ebenso tief, als er vordem erhöht gewesen—wie Lucifer gibt es für ihn keinen Himmel mehr, seit er selbst sich die Hölle erobert!!! O Weib—Weib! zu welchem Zerrbild meines früheren Selbst hast Du mich durch Deine Ränke, durch Deine teuflische Schönheit erniedrigt!!"

Es war ein Aufschrei reuevoller Verzweiflung, der diese Worte über die Lippen des Mannes preßte, und so sehr er selbst Fiorelli erschütterte, so wenig schien er doch die Marchesa zu rühren. Denn ihre Stimme war hell und klar geblieben, als sie ganz ruhig, nach momentanem Schweigen, zurückgab:

„Mein Freund, diese Uebertreibungen sind eine durchaus überflüssige, pikante Würze Ihrer Conversation! Uebrigens ist es entschieden wahr, daß Sie ganz schmählich verändert sind! Gleichgültig und vornehm, wie ein Gott bei'm irdischen Getriebe, leuchtete früher auf Ihrer stolzen Stirne nur Herrschermuth und eiserne Willenskraft. Sieges-Gewißheit umspielte die jetzt so muthlos aufeinander gepreßten Lippen und die Augen schleuderten mächtige Blitze des Enthusiasmus für die Schönheit—in der Form und—in der Kunst!"

Sein tiefes Organ, dem man das innere Grollen noch immer deutlich anhörte, äußerte dumpf zurück:

„Den Hohn können Sie sich füglich sparen, gnädige Frau! Ich meine, Sie haben mich jetzt ausreichend für alle Ewigkeit gequält. Einmal hingebend bis zur süßesten Demuth, sind Sie im nächsten Moment schon wieder teuflisch und hart, wie ein Dämon, und es ist nicht menschen=möglich, das auf die Dauer zu ertragen! So oder so soll und muß es zu Ende kommen—heute noch, das schwöre ich! bei allen Mächten der Hölle, die Sie in mir nicht umsonst wachgerufen haben, frage ich Sie jetzt, Rosa Dubarron, jetzt, wo Sie ganz genau erfuhren, was Sie aus mir gemacht haben, ob Sie mir endlich **den**

Ersatz bieten wollen, der allein mich versöhnen kann mit Dem, was zu opfern Sie mich zwangen— — —"

Die leichtsinnige Frau lachte laut und moquant auf, als amüsire sie sein Zorn und diese Frage ganz außerordentlich. Aber das war dem aufgeregten, leidenschaftlichen Manne doch zu viel.

"Teufelin, halte ein!" flüsterte er mit heiserem Tone: "ich könnte meine Besinnung verlieren, wenn Du noch lachst zu all' meiner Qual!! Du bist ein fürchterlicher Zwitter von Schönheit und Herzensfäule und kein menschlich' empfindendes Weib!—Du bist ein Unding, das lachend dem Manne das Lebensmark aussaugt und dann den entnervten Körper von sich stößt, als nutzlos,—Du bist eine Undine, die seelenlos selbst, Anderen die Seele stiehlt, um sie zu verderben! O, ich verfluche die Stunde, in der mein Auge Dich zuerst geschaut, wie ich auch jene Stunde verfluche, in der ich selbst geboren bin!"

Die furchtbare Leidenschaft dieser gigantischen Natur flößte selbst dem Manne auf dem Lauscher=Posten unwillkührlich Mitleid ein, als er deutlich vernahm, daß ein convulsivisches Aufschluchzen, welches wie ein Angstruf an sein Ohr schlug, diesem stürmischen Ausbruch folgte. Die verhärtete Seele der Frau hingegen bewegte es anscheinend gar nicht, und in ebenso frivolem Tone, wie vorher, scherzte sie nach einigen Minuten schon weiter: "Echauffiren Sie sich doch nicht so unnöthig, Felix! Zum Extemporiren nach der Richtung hin ist es heute wahrhaftig entschieden zu warm! Zudem haben Ihre wilden Reden nicht einmal den Reiz der Neuheit! Hier,—lassen Sie sich zähmen, rauher Bär, und fächeln Sie mir das warme Antlitz, während Sie zu meinen Füßen liegen und sich ausruhen von der unnützen Anstrengung! Vielleicht spielen wir dann später die Idylle la bête et la belle! Sie wissen ja auch längst, daß meine Prinzipien"—setzte sie mit hörbarer Selbst=Ironie hinzu—"mir überhaupt nie gestatten, mich unnöthig aufzuregen, weil das nur der Schönheit schadet!"

"Prinzipien, schöne Rosa," höhnte Bartone zurück: "seit ich Sie kenne, mieden Sie meines ich, stets ängstlich solche plebejische Hindernisse!"

"Ganz recht, mein treuer Biograph," lautete ihre schneidende Antwort: "dieselben flohen ja vor Ihrer aristokratischen Gesellschaft!"

Kaustisch lächelnd hörte Fiorelli Dem zu, und erst dann wurde sein Antlitz wieder umwölkt, als er endlich, nachdem die Beiden wirklich Frieden gemacht hatten, Bartone fragen hörte: „Sage mir endlich einmal die volle Wahrheit, Rosa — weshalb zogest Du nur den unschuldigen Freund auch noch in die unselige Geschichte unserer ohnehin schon verbotenen Liebe? Du hast ihn niemals geliebt, denn Du hast mir wieder und wieder gestanden, daß jedes wärmere Gefühl Deines Herzens mir gehört habe seit der Stunde, wo wir uns zuerst gesehen. O Gott! daß ich es glauben könnte!!"

Bartone konnte nicht gespannter auf ihre Antwort harren, wie Fiorelli, dem das psychologische Räthsel, das er nie zu lösen vermocht hatte, endlich klar werden sollte.

Jetzt schien s i e hingegen erregt zu werden, denn Fiorelli hörte, wie sie hastig aufstand und, nach dem Rauschen und Knistern ihrer Robe zu urtheilen, unruhig einigemale hin und her schritt. Hart und scharf drang ihre Stimme darauf an sein Ohr:

„Nun wohl, Bartone, Du sollst es denn wissen, obschon Du mit einiger Combinations-Gabe das leicht genug auch ohne mich hättest errathen können. Zuerst, und das sagte ich Dir ja schon gleich nach meiner Verlobung, sollte meine Heirath mit ihm D i ch tödtlich treffen zur Strafe dafür, daß Du gewissenlos in dem unerfahrenen Mädchen Gefühle wecktest, welche sie verderben mußten, und dann sollte auch e r es endlich schwer büßen, daß er Dich vor mir gewarnt und mich eine U n w ü r d i g e genannt hatte— —ehe ich es wirklich war!"

Etwas wie wirkliche Bewegung durchzitterte zum erstenmal jetzt ihre Stimme, als sie hinzu setzte:

„Die Mühlen der Götter mahlen langsam, aber sicher!—meine Rache ereilte Dich durch ihn, der mir gleichgültig war und ist, wie die Kiesel im Bache,—aber, Freund, ich verzeihe doch n i e eine Beleidigung, trotzdem Du sagst, ich besitze keinen Charakter! In jenem Moment erst empfand ich die volle Wollust meiner Rache, als eben dieser Mensch, der am zweiten Tage unserer Bekanntschaft schon grundlos den Stab über mich gebrochen hatte, liebeskrank zu meinen Füßen lag und mir das Höchste, was ihm Werth besitzt, seine Adelskrone, demüthig flehend, anbot!" Sie hielt einen Augenblick inne und lachte melodisch.

Mit hörbarem Spott äußerte Bartone auf diese Bemerkung gedehnt zurück: „Mein schönes Kind, Du täuschest Dich hier aber ganz bedeutend! Liebeskrank ist Paoli nie gewesen, wenigstens nie für Dich!" Und vom Spott ur satyrischen Schärfe übergehend, setzte er hinzu: „Zwar sein Motiv, warum er Dich trotzdem zur Marchesa di Paoli machte, ist auch mir so dunkel, wie es vor mir Anderen die Sprüche der Phytia waren, aber **das** weiß ich so gewiß, wie die Nacht dem Tage folgt, daß diese sensitive, zartsinnige Dichterseele höchstens **momentan** von Deinen üppigen Reizen berauscht werden konnte. Glaube es mir kühn, Du fülltest wirklich niemals auch nur den kleinsten Winkel seines Herzens aus und nur, weil er ein „Gentleman" ist und Dir trotz seiner Gleichgültigkeit factisch seinen Namen gab, erfüllt er auch gewissenhaft seine Pflicht gegen Dich! Aber l i e b e n?!"—er lachte rauh dazwischen auf: „L i e b e n thut er Dich ebenso wenig, wie ich verdammt bin,— —Dich, unseliges Weib! zu viel zu lieben!!"

Eine längere Pause folgte. Die Er Schauspielerin schien das Gehörte, welches ihr anscheinend sehr überraschend war, still in sich zu verarbeiten. Bartone schritt mittlerweile wieder unruhig auf und ab und blieb erst dann vor ihr stehen, als sie plötzlich schrill auflachte und ausrief: „Eh bien—das erleichtert dann ja nur die Situation sehr wesentlich!"

„Ich verstehe Dich nicht! Mir scheint unsere Lage hingegen stets bedenklicher zu werden— —"

„Unsinn, Freund!—ich zerhaue den gordischen Knoten jetzt mit Einem Schlage! Freue Dich! schon morgen sind wir Beide frei von unseren Fesseln und endlich Allein=Beherrscher unseres Geschickes!"

Sie schwieg, von Neuem nachdenklich werdend, ohne sich weiter zu erklären, und als es dem ungeduldig harrenden Manne zu lange wurde, fragte er zuletzt barsch:

„Nun so rede doch endlich! Ich bin der Räthsel müde!"

Mit ganz veränderter Stimme, aus der die verdeckte Leidenschaft ihres Wesen urplötzlich mit heller Gluth unverhüllt hervorbrach, antwortete sie ihm rasch und ohne Zögern:

„Felix, Du hast mich wieder und wieder gefragt, was soll aus unserer Liebe werden? und ich habe nur geschwiegen, weil noch die Stunde nicht da war, zu reden. Jetzt will ich es Dir endlich sagen, mein Freund, mein Geliebter! In dieser Minute soll auch die letzte Scheidewand zwischen uns fallen, und ich will Dir den ganzen reichen Schatz von Liebe zeigen, den ich bis dahin rachelustig Dir verborgen hielt. Wohl war ich fähig, Dich hart zu strafen, allein es ist doch nie meine Absicht gewesen, Dich ewig leiden zu lassen. Ebenso wenig war es mein Plan, mich für's ganze Leben an den Tugend-Philister zu schmieden, dem ich meine Hand zum Bunde gereicht habe. Nein! mit einem altadeligen Namen zur Bühne zurückzukehren, nachdem ich ihn verlassen haben würde, das war mein Entschluß schon damals!"

Sie schwieg eine Sekunde und fuhr dann mit erhöhter Extase fort: „Ich liebe Dich, Bartone, wie nur je ein Mann geliebt wurde,—Dich allein! Und Dir will ich auch fortan ganz gehören in Demuth und Unterwürfigkeit, und an Paoli's Stolz soll sich dadurch seine schwerste Strafe für seine Lüge gegen mich vollziehen— —daß ich i h n v e r = l a s s e!!!"

Aus der Brust des Mannes drang ein unartikulirtes Stöhnen— war es Jubel?—war es Qual? Fiorelli konnte es nicht sagen.

„Was liegt mir viel an der Welt?" fuhr sie im tollen Triumph ihrer von jeder Weiblichkeit entfesselten Natur leidenschaftlich fort: „ich bin ja s ch ö n, und der Schönheit verzeiht sie schließlich Alles!! Die dummen Fesseln beginnen mich wahrhaftig zu ennuyren; das hohle Ceremoniell einer Convenienz-Heirath ist doch fürchterlich ermüdend, trotz des Schein= goldes, in das ein Name und Geld es hüllte! Ich sehne mich längst zurück nach der paradiesischen Freiheit der Bühne, nach den Siegen, nach den Wonnen des Erfolges, und zumeist"—sie sprang hier plötzlich zu der vollen Weichheit einer hingebenden Frauenseele über: „zumeist mein Freund, nach dem Glücke, endlich die Deine zu werden!"

Eine kurze Pause folgte. Bartone blieb in Gedanken versunken und antwortete ihr nichts auf ihre wilden, pflicht=vergessenen Reden.

„Du bleibst stumm, Felix?!" fuhr sie jetzt empor aus dem Taumel der eigenen Rede: „Du sinkst mir nicht jubelnd zu Füßen und küssest

nicht dankbar den Saum meines Kleides?! Mensch, besinne Dich—
weißt Du denn auch, was ich Dir eigentlich biete?!"

Sie ballte die Hände zornig und ihre Augen schossen Blitze. Einer
schönen Furie gleich verwandelte sie die unerwartete Aufnahme ihrer
Worte.

„Rosa!!" stöhnte er jetzt endlich gequält auf: „Rosa, Du bist
wahrhaft entsetzlich!! Mir graut vor Deinen Plänen!"—

„Ha, Dir graut, Memme?!!—Das also ist Deine Liebe?! Im
Dunkel der Nacht, von Niemandem belauscht, dem Freunde die Ehre
stehlen—still—versteckt und heimlich, damit die Welt nichts ahnt und
nicht achselzuckend nach Dir weist! Das also ist das Glück, das Du
von mir forderst! Pfui über den vielgepriesenen Muth des Mannes,
der die ganze Schmach dem schwachen Weibe allein aufbürden will!
pfui über— —"

„Still, Unselige!! Du raubst mir den Verstand!" stammelte er,
außer sich gebracht, jetzt in wildem Tone, ihre Rede unterbrechend. Und
dann schlug er wie verzweifelt die Hände über dem Antlitz zusammen
und lehnte das Haupt mit den wirren Gedanken tief erschüttert an eine
der Säulen des Pavillons.

Eine schwüle, unheimliche Stille folgte nun, die nur unterbrochen
wurde durch das hörbar mühsame Athmen des schwer mit sich kämpfen=
den Mannes, und durch das heftige Auf= und Zuschlagen des Fächers
in den Händen der zornglühenden Frau. Dann sagte er leise, ohne
aufzustehen, mit furchtbarer Bitterkeit:

„Du frevelst am Heiligsten, Unselige! Du forderst einfach vollstän=
dige moralische Vernichtung;—ja! Du forderst noch mehr, Du willst
nicht blos das letzte schwache Band, mit dem die Pflicht noch mein Herz
an Weib und Kinder bindet, unbarmherzig zerreißen,—Du forderst
nicht blos, daß ich mit kaltem Blut zum Schurken am edelsten der
Freunde werde, sondern auch das noch, daß ich die Meinen, die ich
entehre, auch öffentlich selber brandmarke! Bei Gott! Weib!—ich sehe
jetzt erst, wie tief ich eigentlich gesunken bin!"

Und als erfasse ihn das Ungeheure ihres Verlangens mit seiner
ganzen wuchtigen Gewalt, so setzte er empört hinzu:

„Und warum alles Dieses?!!!"

Er lachte darauf heiser, unheimlich, und jedes Weib, das noch eine Spur von Zartgefühl besessen hätte, würde davon ebenso tödtlich beleidigt gewesen sein, wie von der grenzenlosen Verachtung, die in seinen letzten Worten lag. Nicht so die Marchesa di Paoli. Sie war wieder doppelt kalt und ruhig geworden nach jenem Ausbruch ihrer zügellosen, verdorbenen Natur. Sie fächelte sich gleichmüthig und sagte nur:

„Wähle!!! „Alles oder nichts!"" das ist mein Ultimatum!"

Bartone schien nach und nach endlich auch den Sturm in seinem Innern zum Schweigen gebracht zu haben. Fiorelli hörte ihn wieder im weicheren Tone auf sie einreden,—hörte ihn demüthig flehentlich bitten und darauf wieder zornig fordern, daß sie ihren Entschluß ändere. Und endlich rief er ermattet aus, als er sah, daß sie ebenso unbewegt wie Stein blieb und seine Erwiederungen sie gar nicht weiter zu berühren schienen:

„Nun wohl, Rosa—ich kann nicht! Mein armes Weib ginge darüber elend zu Grunde und Paoli ebenfalls! Ich weiß es, ich bin ein sündiger Mensch, der seine Leidenschaften und sein wildes Blut nicht zügeln kann,—aber, bei Gott! ich bin doch noch nicht schlecht genug, um Unschuldige langsam und mit kalter Berechnung hinzumorden!!"

„Gut denn, Herr Bartone—enden wir also diese Scene! Es ist überhaupt gefährlich das einsame, lange Tête-à-tête, und wenn wir uns nicht so vorsichtig vergewissert hätten, daß Niemand in der Nähe wäre, könnte es wohl gar den Ruf der Marchesa di Paoli gefährden!" sagte sie kalt wie Eis. „Uebrigens"—und ein herber Spott charakterisirte fortan ihre Rede: „muß ich den Herrn Consul Bartone benachrichtigen, daß fortan jede Zeile von ihm in die Hände Francesco di Paoli's kommt, der unzweifelhaft die Ehre seiner Frau rein zu erhalten wissen wird!"

Sie wandte sich damit ab und wollte gehen. Er aber warf sich ihr in den Weg und hielt sie gewaltsam fest.

„O, Rosa, gehe nicht so von mir! sei doch nicht so entsetzlich hart! habe Erbarmen mit mir, denn Du weißt es ja doch, daß ich Dich liebe mehr wie Alles in der Welt!" flehte er leise.

„Wie Alles?" gab sie nun plötzlich verändert im weichen, hingebenden Tone zurück, und sah ihm tief in die Augen. „So beweise es denn!" flüsterte sie und schmiegte sich dichter an ihn.

Er erzitterte heftig. In ihrer verführerischen Nähe kannte er ja keinen Widerstand mehr,—da war er verloren!

„Sprich, Geliebte, was soll, was kann ich thun?" bebte es unbewußt unschlüssig von seinen Lippen.

Da umarmte sie ihn stürmisch für eine Sekunde, mit verwirrender, mit inbrünstiger Gluth, und dann stieß sie ihn heftig von sich.

„Geh'! ich will **Alles oder nichts**! Ueberlege es, Felix, und wenn Du mich nicht ganz und für ewig verlieren willst, so triff mich morgen früh um sieben Uhr auf dem Albany Boot, und wir eilen dann gemeinschaftlich dem Glück entgegen!" sagte sie voll süßer Innigkeit, und dann setzte sie noch festen und entschlossenen Tones hinzu: „Oder kehre heim! nur erinnere Dich, daß ich Dir nur ein einziges Mal diese Wahl lasse! Und nun—Adieu!—es liegt an Dir, zu entscheiden, ob es für's Leben oder nur für heute sein soll!"

Dann entfloh sie ihm wie ein flüchtiges Reh und verschwand schnell unter den Bäumen des Parkes.

Bartone sah ihr lange nach und als er ihr endlich langsam folgte, hörte Fiorelli noch, wie er: „Du mein Segen, Du mein Fluch!" flüsterte mit wildem, verzweifeltem Tone: „Was soll ich thun?! Ich fühle es nur zu deutlich, ich kann Dich nun und nimmermehr lassen, und wie ich mich auch sträube und winde—ich weiß es genau, **Dein** bleibt doch endlich der Sieg! O Weib, Weib—welch' fürchterliche Gewalt besitzest Du über meine elende Natur!!"—

Vierzehntes Kapitel.

Nachdem Bartone hinter den Bäumen ebenfalls verschwunden war, erhob sich Fiorelli langsam. Ihm war, als träume er noch und habe eben den aller-erbärmlichsten, elendsten Traum seines Lebens gehabt aus dessen Banne er sich nur langsam loslösen konnte. Die Welt war ihm plötzlich eine andere, wie zuvor. Wo war der Sonnenschein und die Musik geblieben?—es schien ihm Alles öde und wüst ringsum, und unwillkührlich traten die Worte des Dichters auf seine Lippen:

Die Welt ist vollkommen überall—

Wohin der Mensch nicht kommt mit seiner Qual.

Ja wohl, mit seiner Qual—mit seinem Elend—der Sünde!

Er rieb sich die Augen,—er fuhr sich durch's Haar und ballte die Faust. Am liebsten hätte er wie Jupiter mit seinen Blitzen die beiden Schuldigen vernichtet, die roh und selbstisch nach Paoli's sanftem, edlem Herzen mit den giftigen Geschossen ihrer Leidenschaft zielten, um es tödtlich zu verwunden,—denn daß Bartone unterliegen würde, war ihm fürchterlich klar. Fiorelli kämpfte seine eigene Entrüstung zuletzt aber männlich nieder;—begriff er doch, daß es jetzt sofort zu handeln hieß, war ihm doch die schwere Alternative nahe gerückt, heute noch selbst eine Rolle in dieser elenden Komödie der Irrungen zu übernehmen—oder die Katastrophe wirklich eintreten zu lassen. Zwar—vom Standpunkt der gesunden Vernunft aus, hätte er am liebsten den Dingen ihren Lauf gelassen und Paoli so von der schmählichen Fessel, die er im mißverstandenen Opfermuth einer großen, erhabenen Seele sich selber angelegt hatte, befreit. Allein er kannte nur zu genau den Stolz desselben und wußte, daß dieser allein schon bis zur Unerträglichkeit verwundet werden müsse, abgesehen von der vernichtenden Erfahrung, daß nun das Weib seiner reinen, erhabenen Liebe doch unwiederbringlich unglücklich gemacht sei, trotz seiner edlen Handlung. Nein!—es ging nicht—er mußte reden, er mußte Paoli Alles sagen und ihm selbst die Entscheidung überlassen. Es war ihm so schwer und wüst zu Muthe, wie nie zuvor, und um selbst erst die Ruhe und Besonnenheit, die doch vor Allem bei seiner schweren Aufgabe nöthig waren, zu erlangen, ging er ungeduldig im Parke auf und nieder.

Da trat ihm bei einer Wendung des Weges, von der belebteren Seite des Waldes kommend, plötzlich Paoli in den Weg; Paoli, heiter, mit dem zarten Roth angenehmer Erregtheit auf dem heute wieder einmal strahlend schönen, interessanten Antlitz, eilte herbei mit elastischen Schritten, die von Lebenskraft und erhöhtem Jugendmuth Zeugniß gaben. Freundlich lächelnd bot er dem Freunde seinen Gruß indem er ihm die Hand auf die Schulter legte und ausrief: „Alter Knabe, Du hast wirklich sehr viel entbehrt! Es war herrlich da draußen auf den Wogen— —"

Er unterbrach sich, rasch ernüchtert, als er des Freundes ernste, düstere Miene sah, indem er ihn bestürzt fragte: „Doch, was ist Dir zugestoßen, Fiorelli? Du siehst ja aus, als habe Dich ein Unglück betroffen!"

Fiorelli konnte nicht sofort antworten—er legte statt dessen nur den Arm Paoli's in den seinen und zog ihn mit sich fort. „Komm'!" war Alles, was seine widerspenstigen Lippen in diesem Moment zu reden vermochten.

Paoli maß ihn sehr verwundert mit scharfen Seitenblicken; eine solche Aufregung bei dem sonst immer gleichmüthigen Freunde war ihm ebenso neu wie befremdend. Dann, als Fiorelli ihn immer noch weiter fortführte, stumm und ohne alle Erklärung, blieb er plötzlich stehen und sagte ungeduldig:

„Warte hier, mein Lieber, und sammele Dich mittlerweile, bis ich zurückkehre;—ich muß erst die Marchesa aufsuchen, die ich lange genug vernachlässigt habe. Dann stehe ich Dir zur Disposition—oder hast Du selbst sie etwa gesehen; ich konnte sie nirgends finden!"

Fiorelli schrack zusammen, als sei er der Schuldige.

„Laß' sie, Freund," erwiederte er ohne alle Umschweife, aber mit heiserem Tone, denn seine unangenehme Aufgabe schien ihm schon jetzt die Kehle zuzuschnüren: „sie ist eine Unwürdige, die Deiner Sorge nicht werth ist!"—

Paoli erbleichte nun seinerseits. Er sah Fiorelli stolz und groß an und sagte nur sehr nachdrucksvoll:

„Fiorelli, ob Du sie nun hassest oder nicht,— sie ist einmal die Marchesa di Paoli,—und ich bitte Dich, das nie mehr zu vergessen, wenn Du mit mir von ihr sprichst!"

Fiorelli betrachtete den Freund mitleidsvoll und dann zog er ihn wieder auf eine einsame Bank am Wege, von der aus man die ganze Umgebung überwachen konnte. Weit und breit war Alles still um sie, kein Mensch sichtbar.

„Freund," sagte er nun tief bewegt, indem er den rechten Arm um Paoli schlang und seine Hand auf dessen Schulter legte: „glaubst Du wohl, daß i ch je so von ihr reden würde, wenn s i e d a s nicht selbst vergessen hätte? Ich, Dein treuster Freund, Dein Bruder, dem Deine Ehre so theuer wie die eigene ist?"

Die Wirkung dieser tief-ernst gesprochenen Worte Fiorelli's schien eine wahrhaft erschütternde. Paoli's zuvor von wärmeren Lebens= farben angehauchtes Gesicht war zwar schon früher erblaßt, allein es verfärbte sich jetzt bis zur Marmorweiße; auf die feinen Züge grub die Angst schnell ihre scharfen Linien und um den Mund bebte es convul= sivisch. Sein Blick forderte Erbarmen—Aufschluß.

„Sprich!!" stieß er endlich leise hervor.

Und Fiorelli sagte ihm—Alles.

———

Zehn Minuten zuvor war Paoli mit seinen Genossen und deren Beute an Clams und kleinen Fischen, in glücklichster Laune an's Land gestiegen. Und vollkommen ahnungslos und unbesorgt, sah er sich so= fort nach seiner schönen Gattin um. Sie war nirgends zu finden.

Als er sie mit den Blicken nach allen Richtungen hin suchte, wäh= rend er auf der Veranda des Hauses stand, trat der Gastgeber an ihn heran und ihm ein Glas Champagner bietend, sprach er:

„Lieber Marchese, es scheint, Sie suchen die Königin des Festes! Trinken wir erst auf ihr Wohl und dann will ich Ihnen sagen, wo Sie sie finden können!"

Voll guten Humors folgte Paoli der munteren Aufforderung und der Senator wies nach dem Gebüsche hinüber:

„Dort muß sie noch sein, denn dort habe ich ihr zuvor selbst einen Gesellschafter gebracht, der ein alter Bekannter von ihr, ebenfalls von Baltimore, und ein großer Freund der Schönheit ist!"

Mit diesen Worten wandte sich der lustige Senator ab und arglos ging Paoli der erhaltenen Weisung gemäß jener Richtung zu—gar nicht ahnend, wer wirklich dieser „gute Gesellschafter" sei. Dann fand er Fiorelli— — —

Vernichtet, in einander gesunken, das blasse, edle Haupt tief auf die Brust niedergesenkt, so saß Paoli jetzt regungslos da, mit geschlossenen Augen, und lauschte seiner Schmach. Wäre die Erde plötzlich unter seinen Füßen fortgewichen, der Himmel über ihn eingestürzt, die Welt in Trümmer gegangen,—das Grauen in seinem Innern hätte sich nicht noch mehr steigern können. Es lähmte ihn—es nahm ihm den Athem—es senkte sich mit der Schwere des Todes auf seine Brust. Ein Atlas von Weh zermalmte ihn.

Und als ob die stumme Natur um ihn plötzlich reden gelernt und zur Verrätherin jenes vernichtenden Schmerzes in seiner Brust geworden sei, der ihn wie Dolchspitzen mitten in's Herz getroffen, so flüsterte es rings um ihn mitleidsvoll: „Umsonst!!!" Die Vögel in den Lüften zwitscherten es, die Blätter des Waldes rauschten es sich zu, die spielenden Wassertropfen des nahen Quells murmelten es wieder und wieder: „Umsonst! Umsonst!!"

Fiorelli, der Freund seiner Jugend, der ihn doch kannte, wie Niemand besser auf Erden, begriff ihn trotzdem nicht in dieser Sekunde. Er wußte nicht, was eigentlich in seiner Seele Alles vorging, wußte nicht, daß der Tod aller seiner Illusionen ihn viel vernichtender traf, wie Andere,—ja, daß er ihn einfach nicht überleben konnte! Die Zartheit seiner Empfindungen konnte eine so wesentlich verschiedene Natur wie die Fiorelli's in der That gar nicht ermessen. Als er Paoli vollkommen gebrochen dasitzen sah, ohne äußere Regung, ohne ein Wort des Schmerzes, der Verachtung, der wilden Verzweiflung zu äußern, die doch so erschreckend deutlich auf seinen Zügen lagen,—da glaubte er noch ihn aufrütteln zu müssen, und er sagte:

„„Die Ehre über Alles"" ist die Devise Eures Stammes! Bedenke das, Paoli, fasse Dich darum und handele!"

„Handeln!" als ob ihm noch zu handeln übrig bliebe,—ihm, dessen unbedachtes, unsinniges Handeln das ganze Unheil geschaffen. Wie wenig ahnte Fiorelli von dem in der Brust des Unseligen vorgehenden Vernichtungs-Prozeß! War es doch vollständig Nacht in seiner Seele, so dunkele, unentwirrbare Nacht, daß kein Stern mehr hineindrang, der Licht genug gab, um sehen zu können, wie er überhaupt zu handeln habe, wenn auch nicht alle seine Kraft gebrochen gewesen. Es war ihm in dem wüsten Chaos in seinem Innern nur e i n Gedanke noch klar—Valerie! Ihr Weh, ihr Leid, ihr Elend! Sonst nichts. An sich, an seine zerschmetterten Ideale, an seinen untergegangenen Glauben an die Menschheit, an sein verfehltes Leben dachte er gar nicht, und nur als Fiorelli's Worte an sein Ohr drangen: „Du wirst doch Deine Ehre an dem Schuldigen rächen?" da lächelte er furchtbar bitter und sagte aufzuckend, mit düsterer Festigkeit:

„Der Schuldige bin i c h!! Welches Recht hatte ich, die Ehre meines Hauses in die Hände einer s o l c h e n Verworfenen zu legen; ich, der Letzte eines Stammes, der Jahrhunderte lang sein Wappenschild frei und rein von jeder Befleckung gehalten hat,—welches Recht— —"

Fiorelli, nur um ihn der düsteren Versunkenheit nicht wieder anheimfallen zu lassen, unterbrach ihn hier mit den emphatischen Worten:

„Es war in der That die Handlung eines Fanatikers, Paoli—eines Fanatikers der eigenen frommen Ueberzeugungen von der Vortrefflichkeit der menschlichen Natur! Freund, Freund, wie schwer straft Dich doch das Schicksal für die Sünde eines übertriebenen Idealismus!"

Paoli legte todtmüde für einen Augenblick das Haupt an die Brust des Freundes und stöhnte leise:

„Ich werde Sühne leisten—schwere Sühne!"

Doch nur Sekunden lang dauerte diese Schwäche, die ihn gänzlich überwältigt hatte. Dann richtete er sich empor, stolz wie immer, machte sich vom Freunde los und sagte gefaßter, aber mit ganz unkenntlicher Stimme:

„Ich bitte Dich, lasse mich für einige Minuten allein, mein Freund, damit ich mich selbst wiederfinden kann und zum Entschluß gelange!"

Fiorelli gehorchte sofort und ging schweigend und niedergesenkten Blickes in der Alle auf und ab, ohne ihn zu stören.

Und Paoli saß nun da—zuerst vollständig regungslos, das Auge hinauf zum blauen Aether gerichtet, als suche er dort die Lösung seines Geschickes,—als fordere er den Himmel auf, sich seiner zu erbarmen. Aber der Aether, der Himmel, das All blieb stumm bei seiner Qual, und plötzlich schlug der Unglückliche mit dem dumpfen Laut einer unsagbaren Pein die Hände vor's Gesicht und stützte so den Kopf auf die Lehne der Bank. Seine Brust arbeitete convulsivisch—sein ganzer Körper bebte.—Was ihn bewegte und durchraste, was er dachte und was er beschloß—kein Sterblicher hat es je erfahren—erfahren auch nicht, ob die kranke, überspannte, in all' ihren Grundfesten erschütterte Schwärmerseele in diesen Minuten schon den Schlußact der Tragödie geplant und entworfen hatte, der mit ebenso excentrischer Sühne die Sünde seines überspannten Idealismus auswetzen sollte. Jene Abrechnung mit sich selbst dauerte lange,—dem aufgeregten Freunde erschien es eine Ewigkeit. Und als Dieser endlich besorgt und zögernd wieder an den Mann herantrat, der unter seinen Betrachtungen allmälig ruhiger und dann sogar starr wie Stein geworden schien, und ihn, bangend wohl gar um seine Vernunft, seiner Versunkenheit mit der Frage entriß: „Was hast Du zu thun beschlossen, caro mio?" da erhob Dieser endlich langsam wieder das verhüllte Haupt und ließ die Hände in den Schooß sinken. Fiorelli taumelte mit einem Aufschrei des Schreckens vor seinem Anblick zurück, denn die Züge waren in einer kurzen Viertelstunde entsetzlich verändert und entstellt. Tiefe dunkle Ringe umgaben die müde und glanzlos blickenden Augen, eine Bleifarbe lag auf den Wangen, während scharfe, schmerz-durchwühlte Linien den bleichen Mund verzerrten und sich Furchen deutlich auf die jugend-glatte Stirn gegraben hatten, als ob das Alter ihn plötzlich überfallen. Und über der verwüsteten Jugend, die aus jedem Zuge starrte, lagerte noch bejammernswerther ein Ausdruck dumpfster Verzweiflung.

Fiorelli mußte seine Frage wiederholen.

Dann erst raffte sich Poali auf und in der düsteren Entschlossenheit seiner Antwort lag es wie inhaltschweres Geheimniß, ungeachtet des gleichmüthigen Inhaltes der Worte:

„Vor der Hand nichts, Fiorelli!" Und nach einer kleinen Pause setzte er hinzu: „Jetzt, in diesem Augenblick, in dieser Umgebung gibt es nur zu **verheimlichen**! Hilf mir dabei, mein treuer Pylades, wie Du mir schon so oft geholfen hast! Vor Allem"—und ein Schaudern durchfuhr seine ganze Gestalt—„halte mir das Weib—die Dirne, fern,— —ihr Anblick brächte mich zum Wahnsinne in diesen Stunden vor der Sühne!"

„Und diese Sühne, Paoli, worin soll sie bestehen?—soll— —"

„Still!" unterbrach ihn Dieser und streckte wie abwehrend beide Hände von sich: „nicht Duell oder Dolch löscht solche Schmach für immer! Nein, Fiorelli,—die Sühne kommt anders, aber sie kommt sicher; sie kommt, ehe jener Sonnenball dort, der in die Fluthen niedersinkt, wieder emporsteigt über menschliches Elend und menschliche Sünde. Das Strafgericht Gottes erreicht aber nur den wahrhaft Schuldigen allein!"

Er hatte es dumpf und kaum hörbar gesagt und dabei in die Ferne gestarrt, als sähe er dort jenen Verurtheilten vor sich. Fiorelli verstand ihn nicht, allein er getraute sich doch nicht, wieder zu fragen, denn er sah, das furchtbar erschütterte Nervensystem des Freundes bedurfte zuerst der zartesten Schonung. Ehe er überhaupt reden konnte, setzte Paoli auch schon hinzu, indem er sich, wie um Klarheit in seine Gedanken zu bringen, wiederholt über die Stirne strich:

„Gehe, Fiorelli, entschuldige mich bei'm Senator S.,—sage ihm, ich sei plötzlich unwohl geworden, irgend Etwas!! Ich muß fort von hier—jetzt gleich—fort aus dieser Atmosphäre, die geschwängert ist von Wollust und Verbrechen— —hinaus noch einmal auf's Meer—weit— weit hinaus, dorthin, wo den reinen Gottes=Athem der Natur kein Erdenschmutz mehr verpesten kann!!"

Und an dem Freunde vorüber stürmend, murmelte er noch leise einige Worte, die Jener nicht mehr verstand. Mit hastigen Schritten eilte er dann direct, nicht achtend der Wege, der Blumenbeete und anderer Hindernisse, dem Hause zu, das er zu durchschreiten hatte, um hinaus in's Freie zu gelangen.

———

Fiorelli sah ihm traurig nach—er fühlte sich schuldig, daß er mit seiner Hiobspost zu plötzlich über diese extravagant sensitive Natur hereingebrochen sei, und obschon er nicht geahnt hatte, daß Paoli also zermalmt werden würde, weil ihm ja die Hauptschuldige ganz gleichgültig und antipathisch war, so begriff er doch seine eigene brüske Handlungs= weise gegenüber dem Freunde nicht, von dem er selbst zu sagen pflegte:

„Die Natur hat ihn zum Weibe bestimmt, der Zufall ihn zum Manne gemacht!" Zwar die Umstände waren derart, daß seine Ueberstürzung wohl erklärlich, wenn auch nicht gerechtfertigt erschien, denn das Schicksal wollte ja in wenigen Stunden schon ein energisches Eingreifen.

Langsam und grübelnd, wie er dem schwer betroffenen Freunde die Entscheidung erleichtern könne, wandelte er noch einigemale in der Allee auf und ab, und folgte ihm dann, um seinen Auftrag auszuführen, ihn bei'm Gastgeber und der Gesellschaft zu entschuldigen und sein Fortgehen plausibel erscheinen zu machen.

Da fiel ihm ein, daß ihm, um Eclat zu vermeiden, auch bevorstehe, das schuldige Weib nach Hause zu führen, und der Zorn stieg ihm glühend in's Antlitz und er ballte die Faust ingrimmig dazu, während er zwischen den Zähnen hervorknirschte:

„Diabolo! lieber ertränkte ich sie dort in der Bay, wo das Wasser am tiefsten ist!"

Fünfzehntes Kapitel.

Auf der geräumigen Veranda des Hauses hatte sich mittlerweile der größte Theil der Gesellschaft zusammengefunden, um das prachtvolle Schauspiel eines herrlichen Sonnen-Unterganges zu beobachten. Wie eine gigantische Feuerkugel ruhte die Sonne dicht über dem Meeresspiegel und ließ weithin die Spitzen der Wellen wie immer wieder auftauchende und erlöschende Flammen-Garben erscheinen. Sie tauchte die tausende von weißen Segeln ringsum in flüssiges Gold, wie sie auch mit ihrem leuchtendsten Glanze die vereinzelten, malerischen Gruppen, welche ungeachtet des prachtvollen Natur-Schauspiels unten auf dem Anger spielten und tanzten, überstrahlte.

Daß der Senator S. ein feiner Menschenkenner war, verrieth auch jetzt wieder seine Beflissenheit, Jenen, die nicht gerade enthusiastische Naturschwärmer genannt werden konnten, mit Kunstgenüssen und anderen Amüsements die Zeit angenehm verstreichen zu machen. Zu diesem Zwecke hatte er vor Kurzem eine berühmte Tragödin, welche das

Fest mit ihrer Gegenwart beehrte, zu bestimmen vermocht, den Anwesenden durch Recitation einiger bekannten, geistreichen Monologe ein neues Vergnügen zu bieten, das auch allgemein willkommen geheißen ward. Sie schloß ihren Vortrag mit einer Scene aus Adrienne Lecouvreur und fand sich dann einem enthusiastischen Applaus überliefert. Von allen Seiten umringte man sie und brachte ihr die extravagantesten Dankopfer.

In diesem Moment tauchte das bleiche Gesicht Paoli's, der bis dahin in seiner inneren Zerfahrenheit weder Auge noch Ohr für äußere Dinge gehabt hatte und deshalb das Geräusch der Stimmen nicht vernommen, in der Thüre auf, um sofort wieder u verschwinden. Als er die hier versammelte Menschenmasse sah, fuhr er unwillkührlich erschrocken zurück. Er begriff es—hier konnte er keinesfalls unangefochten hindurch, und obschon er keinen anderen Ausweg von der Besitzung kannte, so wandte er sich doch instinktiv schnell zurück, um einen solchen aufzusuchen.

Allein schon hatten Verschiedene der Anwesenden ihn bemerkt; besonders aber eine ältere Dame, in deren Hause Paoli vor wenigen Tagen zu Gaste gewesen war, und wo er, ihren dringenden Bitten gehorchend, eine Probe seiner Begabung zum Improvisiren, von der Fiorelli den Leuten viel erzählt hatte, gegeben. Damals war Alles da von entzückt gewesen, und das neu entdeckte Talent dieses vielseitigen, interessanten Fremden hatte ihm noch erhöhte Beachtung eingebracht.

„Halten Sie mir jenen Deserteur fest, Professor D......!" rief sie lebhaft einem älteren Herrn zu, dessen Denkerkopf noch mehr wie sein Titel den Gelehrten verrieth: „er recitirt zum Entzücken, improvisirt wie Anderson's bekannter Romanheld, und ob er will oder nicht, er muß uns eine Probe davon geben. Bringen Sie ihn ja zurück, den seltenen Vogel, denn er weiß die berückendsten Lieder zu singen!"

Gehorsam der Aufforderung, legte sich im nächsten Moment die Hand des Professors auf des entfliehenden Paoli Schulter. „Mein junger Freund, Ihr Urtheil ist gesprochen,—unterwerfen Sie sich ihm willig, sonst brauche ich Gewalt!" sagte er scherzend.

Der verstörte Blick Paoli's, den Dieser jetzt auf ihn richtete, zeigte dem Manne, daß sein Wort: „Ich kann nicht, ich bin krank!" begründet war, und mit einer Entschuldigung zog Dieser sich sofort bescheiden zurück. Allein im selben Moment trat auch schon die eben erwähnte Dame selbst hinzu, und lachend ihren Arm in den Paoli's legend, zog sie ihn, ehe er nur opponiren konnte, mit sich hinaus auf die Veranda und spottete, zum Professor zurückgewendet:

„Lassen Sie sich doch in Folge nicht so leicht düpiren, gelehrter Mann! Das ist nur Lampenfieber—anders nichts. Wir kennen das und uns genirt es darum nicht, ob der Marchese will oder nicht. Wenn er zu schwach zum Improvisiren ist, n'importe!—so kann er auch recitiren!"

Von allen Seiten stürmte man nun auf ihn ein—an ein Entrinnen war nicht mehr zu denken. Er sah sich gefangen, mehr wußte er nicht. Die lachenden, scherzenden Menschen um ihn herum kamen ihm wie Wahnsinnige vor in ihrem ungestümen Begehren; ihre Reden klangen ihm wie bloßes Wellen-Gemurmel; er blickte sie vollständig verständnißlos an. Und um seine bleichen Lippen trat auch nicht einmal der Schatten eines verbindlichen Lächelns, als er, nochmals stürmisch aufgefordert, sich kalt und fremd verbeugte und mit unbewegten Zügen tonlos sagte: „Die geehrten Anwesenden müssen mich entschuldigen. Ich bin in der That unwohl und eben auf dem Wege nach Hause!"

Ein allgemeines, unzufriedenes Gemurmel folgte; Alle wollten, nun sie einmal davon gehört hatten, das hierzulande so seltene Talent des Italieners bewundern können, und seine Entschuldigung nahm man für leere Ausflucht.

„Trinken Sie ein Glas Sekt, junger Mann!" rief ein graubärtiger, jovialer Herr aus: „das bringt frische Kraft in die Adern. Sie werden aber auch nicht daran sterben, wenn Sie ohnedem gehorchen!"

Mit düster zusammengezogener Braue wollte Paoli eben wieder, diesesmal sehr unwirsch, entschieden verneinen, als sein unstät umherirrender Blick plötzlich auf Felix Bartone fiel, der sichtlich bemüht war, seiner Beachtung zu entgehen und halb verborgen stand hinter dem Weingewinde, das den Balkon einschloß. Wie mit einem Schlage gab ihm dessen Anblick die edle Ruhe, das vollste Selbstbewußtsein zurück. Nur ein furchtbar bitteres Lächeln trat auf den eben noch so unbeweg=

lichen Mund und unwillkührlich ballte sich seine Rechte, die im Rock
über der Brust verborgen ruhte. Sein Auge aber blieb fest und unverwandt auf dem verrätherischen Freunde haften, der sich jetzt gewaltsam
emporzuraffen schien, um zu ihm zu kommen und ihn zu begrüßen.
Allein ein Blitz bannte ihn zurück, ein Blitz aus den sonst so treuen,
sanften Augen des Betrogenen, der so gewaltig, so niederschmetternd, so
geradezu zermalmend war, daß der starke Mann unter ihm schwankte
wie ein schwaches Rohr und er blaß bis hinter die Lippen auf einen
nahen Stuhl hinsank, während er auch nicht einmal mehr wagte, das
Auge zu erheben, das schuldbewußt den Boden suchte.

Nicht so das Weib, das unfern von ihm am Gitterwerk lehnte.
Mit den Weinranken über ihrem Haupte tändelnd, schaute sie unbefangen über die Menschen vor sich hinweg, als wolle sie prüfen, wer
wohl das Pittoreske ihrer Stellung in dem grünen Rahmen zumeist
gewahre, und als ihr Auge Paoli dabei traf, zuckte es noch gar spöttisch
in demselben auf, als verzichte sie von vornherein willig auf seine Bewunderung.

Paoli ließ heimlich erschauernd den Blick von ihr abgleiten. Dann
aber richtete er sich höher auf. Seine ganze Erscheinung veränderte sich.
Stolz und vornehm, ruhig und selbstbewußt stand er nun da, und das
interessante, blasse Antlitz spiegelte jetzt den vollen, inneren Adel wieder;
—das war eine Statue von Erz mit einemmale, wo eben noch ein sich
innerlich verblutender, duldender Mensch gekämpft! Wie im Aeußern, so
ging auch in seinem Innern eine vollständige Veränderung vor sich. Der
dichte, undurchdringliche Nebel, welcher seine Seele zuvor umschleierte,
schwand urplötzlich. Klar wie die Sonne, gebieterisch wie die Elemente,
erlösend wie das Licht dem Blind=gewesenen—trat nun auch das Erkennen des zu verfolgenden Weges an ihn heran,—lag auch der schnellste,
sicherste Ausgang aus dem Labrinthe jetzt deutlich vor ihm. Die vollste
Manneskraft, welche ihm die letzte, schwere Stunde geraubt hatte, strömte
wieder lebensfrisch durch seine Adern, sogar die aschfahle Blässe wich
aus dem fein gemeißelten, antiken Antlitz, das stolz und abschätzend die
unruhige Gesellschaft überblickte. Auch der schneidend bittere Zug um
den Mund machte einem feinen, wenn auch wehmüthigen Lächeln Platz,

als habe sich die Philosophie zuletzt doch vollständig siegreich durchgerungen durch alle seelischen Qualen, und der Geist sei wieder befreit von dem zermalmenden Druck, den menschliche Irrungen über ihn auszuüben gedroht. So stand er einen Augenblick vor den Leuten, die ihn bestürmten—ohne auch nur zu versuchen, über all' das Geräusch hinweg zu antworten. Und erst als er ungeduldig werdend, mit dem seltsam mächtigen Auge trotzig Stille gebot, so daß wirklich Alle verstummten, sagte er mit dem ganzen, unerschütterten Wohllaut seiner Stimme im festen, ja fast heiteren Tone:

„Nun wohl, ich will mich dem Wunsche so vieler liebenswürdigen Freunde fügen, trotz meines Unwohlseins! Nur bitte ich um einige Minuten Geduld, da ich eben noch eine Note zu schreiben habe, die ich so bald wie möglich abzusenden gezwungen bin!"

Und mit diesen Worten zog er auch schon sein Taschenbuch hervor, dankte dabei mit dem feinsten Anstande für den lebhaften Applaus, den seine Einwilligung hervorrief, und warf dann mit fester Hand einige Zeilen auf ein Blatt hin, welches er aus dem Buche herausgerissen hatte. Als er fertig war, entnahm er demselben ebenfalls ein kleines Couvert, steckte das Geschriebene, ohne es auch nur noch einmal zu überblicken, hinein, machte es zu und schrieb eine Adresse darauf. Dann schob er das Billet ruhig in die Brusttasche seines Rockes, aus dem er zugleich ein Etui hervorholte, welches er dann langsam öffnete.

Die Damen schrieen in nervöser Aufregung auf, als sie sahen, daß es einen kleinen, fein ciselirten, spitzen Dolch trug, den er aber ganz unbewegt und sogar spöttisch lächelnd aus der Scheide nahm und in der Rechten behielt, während die Linke die Letztere in die Tasche zurückschob.

„Erschrecken Sie doch nicht so grundlos, meine Damen!" sagte er mit dem sanften, schwermüthigen Tone, der seinem Organ gewöhnlich einen so großen Zauber lieh: „Das Ding ist ja sehr unschuldig und dient mir gewöhnlich nur zur Papierschneide. Allein da ich vorhabe, Sie für Ihre Unbarmherzigkeit gegen mich ernstlich zu züchtigen, indem ich Ihnen etwas sehr Tragisches vortrage, so entspricht dergleichen einfach sehr gut dem Zweck der richtigen Effect-Erhöhung. Voilà tout!"

Und er schwang den Dolch, der blutigroth im Wiederschein der

Sonne funkelte, einigemal energisch hoch in die Luft. So—sich dehnend und reckend, wie um seine volle physische Kraft zu erproben, stand er in seiner stolzen, vornehmen Männer-Schönheit da—ein wahrer Apoll! Zwar—der Lorbeerkranz fehlte dem dunkel-gelockten Haar, und Niemand ahnte es wohl, daß sich statt seiner eine unsichtbare Dornenkrone mit spitzen Stacheln eingegraben in das heiß-zerquälte, junge Dichterhaupt! Das eigene, ruhig lächelnde Antlitz verrieth es sicherlich am wenigsten. Niemals zuvor war Francesco di Paoli lebensvoller, zukunftssicherer und kühner erschienen, als in diesem Moment, in dem er dem Adler die Schwingen geraubt zu haben schien, um auf ihnen im enthusiastischen Fluge durch alle Sphären zu fliegen. Ein begeisterter Rhapsode verließ seine Seele wie einst Dante im Dichterschwung die Erde und erzählte den Staunenden Neues, Nie-geahntes, als er dann zu improvisiren begann. Und doch war es keine „göttliche Komödie", die er weltvergessen in glühenden Farben entwarf,— —es war nur ein Lied vom alten Erdenweh, ein Lied von der Liebe, von Trug und Verrath, von Opfer und Täuschung,—ein Lied, zuerst getragen von jener traurig ergreifenden Begeisterung der Entsagung, die nur in Elend der eigenen Seele geboren wird, wenn alle Hoffnung stirbt und der Mensch den Kreuzgang seiner Existenz ohne Hülfe von Himmel oder Erde allein vollenden muß! Und dann war es wie der letzte Aufschrei einer gottbegnadeten Natur um Erbarmen, nur nicht zurückgeschleudert zu werden in das allgemeine Chaos, dem sie entronnen,— —in das Chaos menschlicher Gemeinheit, menschlicher Sünde.— —

Still, lautlos, erschüttert bis in's innerste Mark lauschte ihm die Menge. So seltsam, so todtmüde hatte sie nie einen jugendlichen Mund reden gehört. Es war eine Anomalie—ein ergreifendes Räthsel. Thränen traten in jedes Frauen-Auge — kalte Männer-Herzen schlugen wärmer wie sonst, und nur von zweien der Zuhörer schien der allgemeine Eindruck abzuweichen.

Felix Bartone erröthete und erbleichte abwechselnd unter der wunderbaren Macht der Rede Paoli's, von der selbst er nie etwas geahnt hatte bis zu dieser Stunde. Er fühlte sich getroffen, und die glühenden Nadeln der bis dahin schlummernden Selbstverachtung bohrten sich mit

jedem Worte des von ihm Betrogenen tiefer und tiefer in seine Brust.
Tausend demüthigende Empfindungen durchzogen sein Herz, und ohne
alle verhüllenden Schleier sah er jetzt plötzlich die ganze abstoßende
Nacktheit seiner elenden Leidenschaft vor sich entrollt—sah mit seltsamem
Entsetzen den nahen Abgrund, der ihn zu verschlingen drohte! Er biß
sich die Lippen blutig, als er lauschend mit gesenktem Blick, in sich selbst
das Urbild jenes Elenden erkannte, den Paoli schilderte, der den Freund
betrogen, und den dieser edle Freund trotzdem mehr bedauerte, wie ver=
dammte. Und in seine umnachtete Seele fiel damit unverhofft ein er=
lösender Strahl! Noch war es ja nicht zu spät—noch konnte er sich
retten vor dem Schicksal, gänzlich in dem Sumpfe unterzugehen, dem
sein Fuß schon tollkühn genaht war! Als sei er blind gewesen, so sah er
erst vollständig in dieser Sekunde die ganze Tragweite seines elenden
Sinnentaumels, seiner unseligen Schwäche, seiner wilden, gott=ver=
gessenen Leidenschaft. Ein wahnsinniger Schmerz, tiefe Scham über
sich selbst, eine heiße Reue erfaßte ihn und mit dem Todesmuthe eines
Verzweifelnden schwor er sich in dieser Minute:

„Nein, bei'm ewigen Gotte! ich will nicht jedes menschliche Gesetz
niedertreten, nicht jedes bessere Gefühl mit Koth bewerfen! Und wenn
ich mich im unbeherrschbaren Verlangen nach jenem Weibe denn doch
nicht zähmen und zügeln kann,—so soll mir eher eine Kugel den Kampf
erleichtern, als daß ich meine Schuld unauslöschbar mache! Besser das
elende Leben hingeben, als den letzten Rest von Ehre opfern und an
d i e s e m Manne noch mehr zum Schurken werden!—O, Weib—Weib!
zu welch' elender Creatur hast Du mich schon ohnehin erniedrigt!!"

Und schamroth sank des erschütterten Mannes Haupt nieder auf
seine Brust. In der elften Stunde noch rang er verzweifelt nach Er=
lösung und in der elften Stunde noch kehrte endlich seine bessere, edlere
Natur zurück; in der elften Stunde noch siegte wirklich der Gott in
ihm über den Dämon.

Ob Paoli ahnte, was er bewirkte? Genug—er verurtheilte ihn
nicht schonungslos, wie er das später that, als er sein Anathema schleu=
derte gegen die Unselige, die „mit dem Leibe der Göttin die Seele einer
Teufelin verbindend", nur der Spielball eigener Lüsternheit sei, der mit

seiner unreinen Berührung überall zarte Blüthen breche und Thränen
säe, wo Glück und Frieden gewaltet habe. Er war durchaus erbar=
mungslos in seiner edlen Entrüstung und sein flammendes Auge drückte
ein Brandmal auf die Stirne der Elenden, auf der sein Blick sich rich=
tete, wie ein vernichtender Blitzstrahl. Sie aber lächelte nur höhnisch
und hielt ihn trotzig aus, und um die rosigen, schwellenden Lippen spielte
es sogar wie Uebermuth und Herausforderung. Die Trunkenheit der
Wollust hatte ihr ganzes Sein erfaßt,—alles Andere glitt wirkungslos
von ihr ab; sie wiegte sich sehnsüchtig verlangend in wonniger Er=
wartung des Morgen. Und die anklagenden Worte Paoli's? Was
galten sie ihr noch, die ihnen horchte, so gleichgültig, so kühl, wie sie
bereit war, auch seine Verachtung, ja die der ganzen Welt, ruhig hin=
zunehmen! Sie dachteeben nur an ihr eigenes sündiges Glück.

Bartone, der in sich versenkt dagesessen hatte, blickte unwillkührlich
bei Paoli's strengem Richterwort zu ihr hinüber. Eine Sekunde nur
——dann war es genug. Er hatte die furchtbare Gabe, hellsehend
zu sein bei jeder unedlen Regung auf ihrem Herzensgrunde, und was
er da jetzt gewahrte, zerriß endgültig seinen ganzen unseligen Wahn
für immer. Ein Grauen packte den schuldigen Mann. Dieses Un=
geheuer ohne alle menschliche Empfindung war ihm plötzlich furchtbar
fremd—entsetzlich—geradezu abstoßend. Hatte er denn wirklich ihret=
wegen das ganze Elend über zwei edle fromme Seelen bringen können?
So dachte er erschüttert und staunend über die eigene unselige Verblen=
dung in der ersten Minute, und dann betete er, wie er seit seinen Kinder=
jahren nicht gebetet hatte, um Erlösung von ihrem unheilvollen Banne.
Er bebte jetzt vor ihr zurück in demselben Maaße, wie sie ihn früher
bezaubert!—Der Geopferte aber erstarrte geradezuvor solcher Verwor=
fenheit. Er krampfte den Dolch in seiner Rechten noch fester und beendete
mit sichtlicher Zerstreutheit seine Improvisation. An das tragische Ende
seines Helden aber anknüpfend, begann er dann zuletzt mit solch' wun=
derbar erschütterndem Pathos, mit solch' tief ergreifender Trauer und
solch' todtmüdem Gram die berühmten Strophen Byron's aus dem
„Corsair" zu citiren, daß alle Anwesenden mit thränen=umschleierten
Augen und zurückgehaltenem Athem ihm wie gebannt lauschten:

Sein Herz war weich. Des Unglücks Beute leicht,
Hat ihn Verrath und Täuschung früh erreicht.
Ein jeder Trieb, rein wie der Tropfen Thau
In tiefer Kluft, ward endlich hart und rauh.
Doch nicht so rein war seiner Prüfung Last,
Die ihn verstimmt', erstarrt', versteinte fast.
Der Sturm zersetzt, der Blitz zerstört zuletzt
Den Fels. So ward sein Herz verdorrt, verletzt.
Doch eine Blume schützt sein rauhes Haupt,
Hold, duftig, zart, wenn auch des Licht's beraubt.—
Da traf ein Blitz mit tödtlicher Gewalt
Den harten Fels, der Blume Lichtgestalt.
Kein einzig' Blatt spricht von der Blume mehr,
Verdorrt, vernichtet, ihre Stelle leer— — —
Von ihrem starren Schirmherrn hier und dort
Zersprengte Trümmer nur am öden Ort. *)

Kaum waren die letzten Worte mit ihrem verhängnißvollen Sinn in unaussprechlicher Melancholie über die bebenden Lippen Paoli's geglitten—leise—kaum verständlich—ersterbend—da sank auch er, jenen „zersprengten Trümmern" gleich, nachdem er mit einer blitzschnellen, heftigen Bewegung den scharfen Dolch in's eigene, todtkranke Herz gestoßen,— —leicht aufstöhnend zu Boden.—Die Unseligen um ihn aber hielten das nur für einen effectvollen Theater=Coup.

Lautloses Schweigen lag über der ganzen Gesellschaft; es war, als habe die tiefe seelische Erschütterung des wunderbaren Vortrags sie festgebannt, obschon sie doch Alle nichts von der fürchterlichen wirklichen

---

*) His heart was form'd for softness—warp'd to wrong;
Betray'd too early, and beguiled too long;
Each feeling pure—as falls the dropping dew
Within the grot—like that had harden'd too;
Less clear, perchance, its earthly trials pass'd,
But sunk, and chill'd, and petrified at last.
Yet tempests wear, and lightning cleaves the rock;
If such his heart, so shatter'd it the shock.
There grew one flower beneath its rugged brow,
Though dark the shade—it shelter'd—saved till now.
The thunder came—that bolt has blasted both,
The Granite's firmness and the Lily's growth:
The gentle plant hath left no leaf to tell
Its tale, but shrunk and wither'd were it fell;
And of his cold protector, blacken round
But shiver'd fragments on the barren ground!

Tragödie ahnten, die sich da so still und lautlos vor ihren Augen vollzogen hatte. Zauber=verstrickt klang noch immer das Echo des schmerz=vollen Sanges bei ihnen nach. Dann aber brach plötzlich der nieder=gehaltene Beifall mit doppelter Stärke los. Lautes Klatschen, Lobes=Erhebungen, stürmische Bewunderung von allen Seiten! Es war eine jubelnde Apotheose des Schauspielers, der das Vergnügen der Masse soeben mit seinem entrinnenden Herzblute bezahlte!

In diesem Moment sah Bartone zuerst, daß Paoli verwundet war. Er verfärbte sich—ein entsetzlicher Verdacht umfaßte wie mit eisernen Krallen sein schuld=bewußtes Herz! Er krampfte die Hände an die Lehne des nächsten Stuhles und sein Auge stierte, aus den Höhlen tretend, hinüber zu Paoli. „O Gott, nur das nicht!" stöhnte er unsäglich gemartert auf—und dann, als er sah, daß doch das Fürchterliche wahr, daß doch seine Reue umsonst war, da stieß er einen wilden Schrei aus—einen Schrei, so gellend, so Mark und Bein erschütternd, daß er weithin die milde Abendluft durchdrang und grauenvoll hineintönte in den tollen, jubelnden Beifallssturm ringsum, wie der Schrei eines Wahnsinnigen.

Eben beugte sich auch Professor D....., der, wie einige Andere, sich zu wundern begonnen, warum Paoli sich nicht wieder erhebe, fragend zu ihm mit den Worten nieder, ob der Vortrag ihn doch wirklich so gänzlich ermattet habe. Aber er fuhr im selben Moment entsetzt zurück, denn er sah langsam Blut hervorbrechen aus den Kleidern des Niedergesunkenen. „Er hat das Spiel zu weit getrieben und sich dabei verwundet!" flüsterte er bebend und ließ sich schnell auf die Kniee neben Paoli nieder, dessen Haupt er leise auf seinen Schooß hob.

Todtenstille — Todesschrecken herrschte plötzlich an der Stelle des lauten Tumultes. Die jubelnden Lippen erstarrten zu Stein. Entsetzen lähmte Alle bei der unheilvollen, unerwarteten Katastrophe. Regungslos, erblassend, standen die Gestalten da, die eben noch „Bravo!" gerufen und sahen erschrocken und bange nieder auf den bildschönen Fremden, der ihnen erst vor wenigen Minuten mit lebensvoller, herr=licher, überwältigender Innigkeit von dem Fluche der Sünde, der Qual der Liebe und dem Jammer des Weltschmerzes erzählt hatte. Sie be=griffen noch das Entsetzliche nicht recht und ahnten doch erschüttert, daß eine furchtbare, wahre Empfindung sein Schwanenlied dictirt haben müsse.

Neben dem todtblassen Manne auf der Erde kniete im nächsten Moment schon ein Arzt, der zufällig zugegen war, und bemühte sich, die Wunde zu untersuchen. Wie der Schatten eines traurigen Lächelns, wie die concentrirte Bitterkeit eines ganzen verfehlten Lebens zuckte es da um die blaublassen Lippen des Sterbenden und spottete: „Umsonst!"

„Umsonst!" tönte es nach in der Seele des Arztes. Der Stoß hatte nur zu gut getroffen!

Mit schwankenden Schritten nahte dem Sterbenden in der nächsten Sekunde langsam ein leichenblasses, zitterndes Weib—s e i n Weib! Die ihn umstehende Menge wich scheu zurück und machte ihr Platz. Aber noch lebte der Betrogene—noch war das niedergetretene Herz nicht im Tode erstarrt—noch sah das sich schon blind umschleiernde Auge sie nahen und ein Beben wie qualvolles Todesfrösteln durchfuhr seine ganze Gestalt. Mit dem vollen Aufwande der letzten Kraft hob er den Arm und machte eine Bewegung des Abwehrens; die bleifarbenen, zuckenden Lippen hauchten strenge, deutlich: „Fort, Elende!" und das Auge flammte, gewaltsam alle Nebelschleier des nahenden Todes zerreißend, noch einmal auf in furchtbarer Unerbittlichkeit und einem ewigen Abscheu—und bannte sie fort, so vernichtend, so überwältigend, daß die also Verurtheilte wirklich zurücktaumelte immer weiter, weiter, bis sie, unfähig, es länger zu ertragen, die Hände vor's Antlitz pressend, ohnmächtig niedersank.

Bartone aber?? Er büßte, wie selten Menschen auf Erden büßen, —er büßte in M i n u t e n die volle Qual einer E w i g k e i t! Wie ein himmelschreiendes Verbrechen, für das es im irdischen Dasein keine Sühne mehr gibt, stand im entrinnenden Herzblut des geopferten Freundes verzeichnet die schwarze Schuld seines Verrathes vor ihm. Ob es ihm auch kein Menschenmund verrathen, daß seine Sünde entdeckt und die Ursache jener grauenvollen That geworden sei— —er allein begriff sie mit so furchtbarer Klarheit, daß auch nicht der Schatten eines Zweifels erbarmungsvoll in seine Brust eindringen konnte. Finsterniß, Grauen, Hölle umringten ihn. Er saß da und starrte mit blut=unterlaufenen Augen, mit entstelltem Antlitz, mit verglastem Blick, ohne Kraft der Bewegung in Glied und Nerv auf Paoli hin, der dicht neben dem Geländer des Balcons lag, seinen vollen Anblick doch dem nicht ganz nahen Bartone bietend, als ob das rächende Geschick ihn derart niedergeworfen, um Jenem kein Jota seiner fürchterlichen Strafe zu erlassen. Und so starrte er denn wie festgebannt, grauen=vernichtet auf das arme Opfer seiner jetzt tausendmal verfluchten Leidenschaft hin.— — —

Da— —war es ein peinigendes Blendwerk der Hölle?— —war es Erbarmen des Himmels mit seiner unsäglichen Qual? Er sah es deutlich, wie das matter werdende Auge des Sterbenden, das eben noch die Theilhaberin an seiner Schuld so unerbittlich von sich gewiesen—ihn—ihn selbst—Bartone—heranwinkte. War es nur, um mit dem letzten entfliehenden Leben noch einmal den unversöhnlichsten Fluch für alle Ewigkeit über ihn auszugießen? oder war es doch, weil der Engel des Todes ihm zuflüsterte, Mitleid mit dem Reuigen zu haben, um —

Er dachte es nicht aus. Wie von unsichtbaren Mächten emporge=zogen, stürzte er hin zum Freunde, dicht neben ihm auf die Kniee nieder. Das reuige Haupt beugte sich unter einem herztiefen Aufschluchzen vor ihm in den Staub und: „Vergib mir, Paoli—vergib mir!" entrang sich in unartikulirten Lauten seiner schwer arbeitenden Brust. Ihm war, als könne er keine Minute weiter leben unter dem Fluche seiner That, wenn diese ersterbenden Lippen ihn nicht entsündigten! Schon zuckte der Todeskampf in den edlen, geliebten Zügen—schon hatte der Arzt mit gebieterischer Geberde die Zunächststehenden fortgewiesen, ihnen bedeutend, daß das Leben schnell entfliehe— —da traf das sich langsam und schwer noch einmal wieder öffnende Auge den vernichteten Freund. Und es war wirklich kein Irrthum, keine Hallucination!— es lag nicht in Haß und bitterer Unversöhnlichkeit auf ihm—nein! Mild und liebevoll wie in jenen schönen Tagen einer reinen, unbefleck=ten Vergangenheit winkte es ihn näher u sich heran und als Bartone, den unverhofften Gnadenstrahl auffangend, sich weinend zu ihm nieder=beugte, da hauchte das brechende Herz seinen Abschiedsgruß vom Leben in den Worten aus: „Sühne an Valerien, was Du an mir gesündigt haſt!" Dann ſchloß ſich das Auge zum letztenmale, die Hand zuckte noch leiſe, als wolle ſie ſich dem treuen Jugendfreunde Fiorelli bieten, der eben erſt vom Geſchehenen benachrichtigt, athemlos herbeiſtürzte— dann ſank das ideale Haupt leblos zurück, das edle Herz ſtand ſtill für ewig— — —und Paoli war todt.

———

In ſeiner Bruſttaſche fand man das Billet, welches er zuvor ge= ſchrieben hatte. Es war an Fiorelli gerichtet und lautete:

Mein Freund!

Der Menſch hat keine Berechtigung, das Schickſal verbeſſern zu wollen; wer es ſich anmaßt, den zermalmt es dafür. Ich Kurzſichtiger wollte ein ewiges Licht in das Leben des Weibes zaubern, das ich geliebt habe mit der reinen Gluth, wie ſie auf Gottes Altären lodert—und brachte dafür ein Opfer, welches die Vernunft verbot! Jede Schuld rächt ſich jedoch auf Erden; meine überſpannte Idealität richtete nur Unheil an—möge meine Sühne bewirken, was mein Opfer u m ſ o n ſ t bezweckte! Ich kann nicht mehr weiter leben in dem Chaos, das ich willenlos geſchaffen habe; ich trete darum zurück in das All, aus dem das Individuum hervorgeht und dem als „ſelbſtſtändiges Ganzes" zu entfliehen, ich noch nicht r e i f genug geweſen bin!

D i c h leite ein glücklicheres Geſchick!

Francesco di Paoli.

———

Bartone verſank in ein heftiges Gehirnfieber. Nachdem er wieder geneſen, wurde er ein beſſerer, gegen ſich ſelbſt unerbittlich ſtrenger Menſch, der nie mehr ſeinem wilden Temperament die Zügel ſchießen ließ. Er hat den Schwur treu und gewiſſenhaft gehalten, den er da= mals über der Leiche ſeines Freundes abgelegt hat, nie mehr vom Pfade der Pflicht abweichen zu wollen. Sein umnachtetes Gemüth krankte noch lange nachher an tiefer Schwermuth und innerer Zer= riſſenheit. Aber ſein einziger Troſt, an dem ſich nach und nach auch die Selbſtachtung und die moraliſche Kraft endlich wieder aufrichtete, war das Bewußtſein, daß doch ſeine Reue und ſeine beſſeren Vorſätze ſchon erwacht geweſen waren, ehe die todtmüde Verzweiflung des Freundes ihm ſelbſt die Mordwaffe in die Hand gegeben hatte.

Valerien ist nie der wahre Sachverhalt enthüllt worden. Sie hat den edlen Freund, dessen Seelenleben ihr stets so sympathisch gewesen, tief und aufrichtig betrauert; aber eben so wenig wie sie je eine Ahnung von seinen wahren Gefühlen für sie hatte, eben so wenig errieth sie es auch, daß sie allein die Ursache seiner räthselhaften Heirath und ihrer Folgen, sowie seines jähen Todes geworden war. Sie wenigstens ist wieder lebensfroh und glücklich wie einst, denn Bartone, von dessen unbeherrschbar leidenschaftlichen Irrungen sie glücklicher Weise nur Weniges erfahren, sühnt jetzt, reuig und treu Paoli's Weisung folgend, was er in seiner tollen Verblendung früher an ihr verbrochen hat. Er sühnt, wie doch nur eine im Grunde kräftige und edle Natur zu sühnen vermag, mit Ausdauer, voll und ganz. Zwar, er ist düster und sehr ernst geworden, was Valerie nie ganz überwinden kann, denn trotz aller seiner Selbstbeherrschung erhebt sich doch immer wieder vor jeder Lebensfreude, vor jedem Genuß das Gespenst seiner Vergangenheit. Und wenn einmal ganz die Schwermuth überhand nimmt und das erschütternde Ereigniß, das ihn alt gemacht hat vor der Zeit, gar zu dunkel seine Schatten über die reuige Seele breitet,—dann naht ihm wohl mitleidsvoll die Liebe mit heilender, wohlthuender Hand und legt Balsam auf die brennenden Wunden. Aber gerade unter dem Einfluß dieser treuen, unverdienten Liebe leidet er am tiefsten und er fühlt es in solchen Momenten noch schärfer, wie sonst, daß doch der todte Freund mit tausend Schmerzen gerächt ist—und daß seine Strafe fortdauert bis zum Tode!

———

Und die Schauspielerin? Ist sie ganz leer ausgegangen an Wieder-Vergeltung? Fährt sie fort, in ihrer unseligen Schönheit zu schwelgen, ohne Strafe, ohne Reue, ohne Sorgen und ohne Sühne?!

O nein! die poetische Gerechtigkeit hat auch sie erreicht. Nach Paoli's traurigem Ende, das jeder weniger verdorbenen Natur die eigene Schuld so überwältigend vorgehalten hätte, daß sie der Sünde auf immer den Rücken gekehrt haben müßte,— — schnellte sie sehr rasch wieder elastisch und leichtsinnig empor. Ohne das harte Herz mehr wie momentan zu erschüttern, zogen die niederschmetternden Eindrücke ganz wirkungslos an ihr vorüber.

Ihr lachte das Leben ebenso heiter wie früher und sie sah in Paoli's Tode nichts wie die nothwendige Consequenz einer romantisch überspannten Natur. Ja—derselbe erschien ihr schließlich nur noch wie ein sehr unwillkommenes Hinderniß bei der Ausführung ihrer Pläne, und sie fand es von Bartone sogar geradezu lächerlich, daß ihn die Katastrophe auf's Krankenlager geworfen hatte.

Aber schon banden die Furien ihre Geißeln für das herzlose Weib. Genau wie der Orthodoxe annimmt, daß die Verdammten in der Hölle eben durch ihre früheren Schwächen alle Qualen und alle erdenklichen Martern erdulden müssen,— —so vollzog sich auch an Rosa Dubarron ihre Strafe. Denn— —ob auch jede Fiber, jeder Nerv ihrer sinnlichen, verderbten Natur zu Felix Bartone hinstrebte, ob auch Alles, was die kalte, schöne Form überhaupt an Liebesfähigkeit umschloß, sich auf ihn allein concentrirte—er stieß sie fortan von sich voll Abscheu, wie man ein giftiges Reptil von sich stößt. Es war, als habe sich auch in seiner physischen, wie in seiner geistigen Natur ein Läuterungs-Prozeß vollzogen—damals, als er krank an Körper und Seele neben der Leiche Paoli's niederbrach und seiner Erschütterung erlag. Denn als er endlich genaß, hatte er seinen guten Engel, Valerie, neben seinem Bette gefunden und war dann, als ein besserer Mensch, reuig an ihrer Seite heimgekehrt nach Baltimore, ohne mit der Dubarron wieder zusammen getroffen zu sein.

Er hat die Elende überhaupt nie mehr wieder gesehen. Zuerst verfolgte sie ihn mit glühenden Liebesbriefen, die er nicht beantwortete. Als sie ihm jedoch endlich drohte, ihn persönlich in Baltimore aufsuchen zu wollen, da entflammte seine volle Entrüstung, da stieg in seiner immer noch schmerzlich leidenden Seele überfluthend der ganze Groll des tödtlich beleidigten Menschengefühls auf, und mit so vernichtenden Worten sagte er ihr, wie grenzenlos er sie verachte, und welcher Schandfleck ihres Geschlechtes sie sei, kurz, hielt ihr mit so schneidender Härte und so bitterer Schonungslosigkeit das ganze gemeine, verworfene Spiegelbild ihres Innern vor,— —daß sie endlich niedergeschmettert begriff, wie Paoli, der r e i n e Geist, doch noch in der letzten Minute seines Lebens für immer über sie, die Tochter der Sünde, gesiegt habe.

Was blieb einer solchen Natur nach einer solchen Niederlage noch übrig?

Nichts anderes, als Vergessenheit im Taumel der Sinne zu suchen, und endlich schmählich unterzugehen.

Als sie älter geworden und ihre Schönheit verblüht war—fand man sie eines Morgens leblos in ihrem Zimmer. Ob der Tod sie— oder sie den Tod gesucht hat, Niemand erfuhr es je, wie denn auch Niemand sich darum kümmerte. Ihre Mutter lag längst im Grabe, und ihrer frommen Schwester Blanche verschloß die Klosterpforte jede Nachricht aus jener sündigen Welt, die sie in bitterster Reue über ihr unseliges Eingreifen in der Schwester Herzens=Geschichte, verlassen. Ohne den wahren Sachverhalt oder die wirkliche Verworfenheit Rosa's zu kennen, begriff sie doch schon kurz nach deren Vermählung, daß sie ihr unwissentlich die Hand zum schwarzen Betruge an Paoli geliehen haben müsse. Und als dann die furchtbare Katastrophe eintrat, deren wahre Ursache sie nie ergründen sollte, aber nur zu entsetzlich klar ahnte, erschütterte sie dieselbe derart, da sie sich als Mitschuldige an dem tragischen Ende Paoli's betrachtete, daß sie geistig und körperlich erkrankte. Nachher trat sie in ein Nonnenkloster, wohin sie stets besser gepaßt, wie auf die Bühne.

Hier hat sie endlich den verlorenen Frieden wieder gefunden, und wenn sie jetzt still und ernst, aber beruhigt und zufrieden zurückdenkt an die sündige Welt mit ihren Stürmen und Versuchungen, so faltet sie wohl bittend die Hände in frommer Andacht und fleht inbrünstig zu Gott, daß er Derjenigen, welche sie trotz ihrer Laster doch auf Erden am meisten geliebt hat, das Unheil verzeihe, das sie mit ihrer R a c h e angestiftet.

Fiorelli hat die schwere Aufgabe auf sich genommen, die Leiche des geliebten edlen Freundes seinen Eltern nach Rom heimzubringen. Auch er ist ein ernsterer, ja bitterer Mann geworden, der verstimmt wird, wenn er nur das Wort „Amerika" nennen hört, und der es nie vergessen kann, welch' erschütternde Erfahrungen ihm die neue Welt aufgezwängt hat in wenigen Wochen. Aber treuer noch wie je zuvor hält er jetzt nur an der Ueberzeugung fest, daß ein gesunder Egoismus zur richtigen Auffassung des Lebens so nothwendig ist wie daß dieses selbst im kräftigen Realismus seine Wurzeln fassen müsse und den I d e a l i s m u s verdammt er kurzweg als der Uebel größtes, „das dem Menschen das Lebensmark aussauge und das Sprichwort bewahrheite":

„Wen die Götter verderben wollen, den schlagen sie mit Blindheit!"

— Ende. —

S. KAUDERS, Printer,
Cor. Baltimore & Albemarle Sts., Baltimore.

www.ingramcontent.com/pod-product-compliance
Lightning Source LLC
Chambersburg PA
CBHW032150160426
43197CB00008B/843